少年

功夫操

庄昔聪／主编

厦门大学出版社
XIAMEN UNIVERSITY PRESS

国家一级出版社
全国百佳图书出版单位

图书在版编目（CIP）数据

少年功夫操 / 庄昔聪主编. -- 厦门：厦门大学出版社，2023.11
ISBN 978-7-5615-9171-0

Ⅰ．①少… Ⅱ．①庄… Ⅲ．①武术-健美操-中国-少年读物 Ⅳ．①G852-49②G831.3-49

中国版本图书馆CIP数据核字(2023)第210368号

出 版 人　郑文礼
责任编辑　郑　丹
美术编辑　蒋卓群
技术编辑　许克华

出版发行　厦门大学出版社
社　　址　厦门市软件园二期望海路 39 号
邮政编码　361008
总　　机　0592-2181111　0592-2181406(传真)
营销中心　0592-2184458　0592-2181365
网　　址　http://www.xmupress.com
邮　　箱　xmup@xmupress.com
印　　刷　厦门市明亮彩印有限公司

开本　720 mm×1 020 mm　1/16
印张　12.25
字数　220 千字
版次　2023 年 11 月第 1 版
印次　2023 年 11 月第 1 次印刷
定价　68.00 元

厦门大学出版社
微信二维码

厦门大学出版社
微博二维码

主编简介

庄昔聪，出生于 1957 年 8 月，华侨大学教授；中国武术八段，国家级武术裁判；泉州市剑影实验学校校长；中国武术协会第七、第八、第九、第十届"青少年与学校武术指导委员会"委员；中国武术协会第十届"传统武术委员会"委员；福建省武术协会第六、第七届副会长，第八届监事长；福建省大学生体育协会武术分会副会长；泉州市武协第四、第五届副会长；多次获评泉州市先进体育工作者。

从小随父、兄习武，主要研习的拳种有：少林地术犬法、少林五节花拳、少林罗汉拳等。曾代表福建省武术队参加了第三、第四届全国运动会和第三届全国工人运动会；参加了第一、二、三届全国武术观摩交流大会。1995 年至今，常年参加全国及福建省武术套路比赛的裁判工作。

1977 年考入福建师范大学体育系，1982 年毕业后留校任教；1986 年调到华侨大学体育学院任教，直至 2017 年退休。1989 年跟随父亲庄子深先生创办了泉州首家武术馆——泉州剑影武术馆，1994 年 7 月创办泉州首家私立文武学校——泉州市剑影武术学校（2013 年更名为泉州市剑影实验学校），任校长至今。

泉州市剑影武术学校先后被评为"全国先进武术（馆）校""全国十杰武术学校""国家体育后备人才基地"，是"中国武术段位制教学实验学校及考试点""福建省先进武术（馆）校""福建省单项体育后备人才基地""福建省体育传统特色项目学校""福建省少数民族传统体育项目武术训练基地""泉州市武术队（套路）市队校办基地"；并于 2019 年和 2020 年分别获批市级和省级非物质文化遗产"泉州少林罗汉拳""南少林地术拳"的传承保护单位。

　　学校曾获得全国武术（馆）校武术比赛团体总分第一名和全国武术之乡武术比赛套路项目总分第一名；代表泉州市武术队参加福建省青少年武术锦标赛，曾十次获得团体冠军；在全省、全国和国际武术比赛中，学校共获得了200多枚金牌；培养了黄光临、庄一鹏、蔡良蝉、郭文杰、黄志坤、庄吉、张依琳等一批优秀学员。

　　主要论著包括《泉州武术的历史与现状探究》《庄子深与泉州罗汉拳》《中国功夫操》《儿童歌谣：成语武术操》《少林五节花拳·连手拳》等。

序

　　泉州市剑影实验学校是一所远近闻名的以武术为特色，文武并重，学生德、智、体、美全面发展的私立学校。建校近三十年来为国家培养和输送了大批优秀学生，曾先后被国家体育总局评为"全国先进武术（馆）校""全国十杰武术学校"，被国家体育总局和教育部批准为"中国武术段位制教学实验学校及考试点"，是"国家体育后备人才基地"；还获得了"全省先进民办中小学""福建省示范性幼儿园""泉州市文明学校""泉州市绿色学校""泉州市示范小学""泉州市社会力量办学先进单位"等殊荣。同时还是福建师范大学体育科学学院、泉州师范学院和泉州少年业余体校的实习、训练基地，承担着泉州市优秀少儿武术后备人才的训练和培养任务。

　　18年前，剑影实验学校校长——福建省武术名家庄昔聪教授根据学校教育的特色和需要，精心创编了几套适合于不同年龄学生锻炼的武术操在学校推广，并将其整理出版，书名为《中国功夫操》。该操动作简洁新颖，特点突出，易学易练，效果明显，广受好评。从此，"中国功夫操"成为剑影实验学校早操和课间操的一道靓丽风景。在校长和老师们的带领下，通过早操、课间操和课外活动进行包括武术操在内的各种体育锻炼，全校学生的体质明显增强，个个生动活泼，精神面貌焕然一新。

　　经过了多年的实践，武术操在学生的锻炼中起到了明显的健身效果，受到了学生的喜爱和家长的欢迎。为了适应教育形势的发展，提高办学质量，更好地促进孩子们的身心健康，在认真总结经验之后，庄昔聪校长引领庄重副校长、刘丽英园长和教练团队，针对不同学龄儿童的生理特征和求学欲望，又陆续创编出功夫操（新编）、串铃操、乾坤圈操和双锤操等多种形式的武术操。这些武术操，涵盖从基础动作到功架组合，从武术的手型手法、步型步法到功法、散手实用练习，以及乾坤圈、双锤等器械的练习方法。内容丰富多彩，动作简单易学，运动锻炼全面，练习起来饶有兴味，特别适合少年儿童学习和锻炼。

　　少年儿童正处于生长发育的旺盛时期，这一时期打下良好的身体基础，将对其一生的健康成长产生重要的影响。党和国家历来高度重视青少年的健康成长，中共中央、国务院在《关于加强青少年体育 增强青少年体质的意见》中指出："广大青少年身心健康、体魄强健、意志坚强、充满活力，是一个民族旺盛生命力的体现，是社会文明进步的标志，是国家综合实力的重要方面。"强调学校教育要树立健康第一的指导思想，切实加强体育工作。国家体育总局武术运动管理中心进而发出了《关于加强"武术六进"工作的指导意见》，强调发挥武术在全民健身事业中的独特作用。在推动武术"六进"中，首要的就是武术进学校，将大力推广、普及武术健身操和武术段位制作为武术进校园的重要内容。泉州市剑影实验学校正是国家倡导的武术进校园的典范。该校办学近三十年来，始终贯彻党和国家的教育方针，树立健康第一的指导思想，坚持"崇文尚武、强体广智"理念，注重学生的德才培养，文武并重，德智双修，成为享誉八闽乃至闻名全国的高质量、具有鲜明武化特色的现代化学校。

武术是中华民族传统的健身术、自卫术、养生术，更是一项宝贵的民族文化遗产。习武不仅可以强筋骨、增体质，而且可以健全人格。它可以使弱者强、怯者勇、刚者柔、勇者智，是其他运动项目所不能取代的富含中国文化精神的"国术"。少年智则中国智，少年强则中国强。学生们在阳光下进行武术操锻炼，从小练习武术，在强健体魄的同时，学习和继承祖国的传统武术文化，培育吃苦耐劳的精神和正直善良的品格，剑影实验学校在这方面下足了功夫，做出了榜样。我期望，《少年功夫操》不仅能在剑影师生强体魄、健心智、识礼仪、振精神中发挥重要作用，结出丰硕的成果，还能飞出校园，传向国内外，为更多学校的孩子们所操练、所喜爱！

期盼《少年功夫操》早日出版，助力培育祖国的新一代。

谨此为序。

厦门大学教授，中国武术九段，国际级武术裁判

林建华

2023 年 4 月 20 日于厦大海滨东区

前　言

　　泉州市剑影实验学校前身为"泉州市剑影武术学校"，自 1994 年创办以来，一直以中华传统武术为办学特色。为了让更多的孩子在课余时间能够接受武术文化的熏陶，学校融入少林罗汉拳、地术拳、五节花拳以及中国散手等元素，自行编创了一套武术操以供师生练习。经过多番的修订和改进，从一开始的雏形，到不断地实践、修改、成形，2005 年出版的第一部《中国功夫操》至今已有 18 年。

　　在这期间，通过对中国功夫操的学习与练习，学校师生养成了习武健身的良好习惯，近视率和肥胖率得到了有效的控制，同时也激发了大家对中华武术的兴趣。有更多的人加入到练习武术的队伍中，为学校培养更优秀的武术人才打下了坚实的基础。中国功夫操的推广，助力我校成为"国家后备人才基地"和省、市级非物质文化遗产"南少林地术拳""泉州少林罗汉拳"的传承保护单位。

　　近几年，国家重视体育强国建设，特别是党的二十大报告提出要进一步增强文化自信。武术作为中华优秀传统文化，在体育强国建设中有重要地位和作用，这也激励我们要以新的姿态推动武术事业改革发展，为中国式现代化建设贡献武术力量。由此，以国家推行校园大课间操为契机，我校把中国功夫操融入其中，使之内容更为丰富充实，效果明显。习武给全校师生的精神风貌带来了整体提升。但练习一段时间后，我们也发现了一些问题，如：长年累月地练习同一个内容，学生难免会厌倦生烦；不分年龄段练习同样的动作是不适宜的，因学生的生理条件、理解能力是不一样的；有些动作的规格要求和运动量的大小随着时代的变迁也需要相应地进行调整。因此，我校在保留原有动作较为易学、易做特点的基础上，对小学生练习的部分内容进行了改进，根据不同年龄划分为不同学段，在动作规格标准和运动量方面也做出了新的要求与调整，使之更贴合实际的需求。与此同时，本书还增加了"幼儿武术系列轻器械操"，使之更为丰富全面。至此，我校创编的中国功夫操系列业已成型（覆盖幼儿园、小学、初中，练习者年龄跨度为 3 至 16 岁）。

希望本书的出版能有益于宣扬中华传统武术文化，对"武术进校园"活动起到积极的影响，让更多的人参与到中国武术事业中来，为中华武术屹立于世界民族文化之林贡献力量。

庄昔聪

2023 年 8 月

编写说明

（1）在文字说明中，凡有"同时"两字的不论先写或后写身体的某一部分动作，都要求同时活动，不要分先后去做。

（2）动作的方向是以人体的前后左右为依据，不论怎样转变，总是以面对的方向为前，背向的方向为后，身体左侧为左，身体右侧为右。

（3）图号的编排方式为：篇号＋部分号＋章序号＋本章成式动作序号，上篇序号为1、下篇序号为2。例："图2-1-1-1"，表示下篇第一部分第一章第一成式。

（4）图示中的线条表明这一动作到下一动作的运动轨迹，虚线（--）表示左侧肢体的轨迹，实线（—）表示右侧肢体的轨迹，箭头（→）表示该部位的运动方向。个别动作的角度、方向等因受平面图形的限制，可能不够详明，图文不尽符的地方以文字为准。

（5）本系列功夫操中的技术基本形态是指该拳、械最常用技术形态和预备势；同一基本形态只在第一次出现时介绍。

（6）功夫操开始和结束时，要行抱拳礼。

目 录

上篇

功夫操

第一部分　基础操

第一章　基础操简介

　　"基础操"包括上肢运动、腰部运动、压腿运动和踢腿运动四个部分的准备内容。因其动作简单、易练，为一般武术活动所不可缺少，故取名为基础操。任何一个运动项目都要求在充分的热身活动的前提下展开，这样才能减少和避免运动损伤，符合人体运动的生理规律，达到"健康性"的活动目的。此外，每一类运动项目都有自己的基础训练内容，武术也同样有其独特的基础训练动作，如手型、手法、步型、步法、腰腿柔韧训练都是必不可少的专项基础。同其他运动操相比较，基础操的内容除有颈、肩、肘、腕、腰、膝、踝等关节活动的共性以外，还有手型、手法、眼法、步型、步法等具有武术特性的动作。"基础操"部分运动量较小，动作匀称、节奏缓和，因而练习时选用的音乐也是较为轻松活泼的，取山河初醒之意境。

第二章　基本动态

第一节　静态

一、手型

（1）拳：四指并拢卷曲握紧，拇指扣在食指、中指第二指骨上。拳心朝下为平拳（图 1-1-2-1），拳眼朝上为立拳（图 1-1-2-2）。

动作要点：握拳如卷饼，五指要紧握，拳面要平。

图 1-1-2-1　　　　　　　　图 1-1-2-2

（2）掌：四指并拢伸直，拇指弯曲，紧扣在虎口处（图 1-1-2-3）。

动作要点：四指伸直并紧，拇指扣紧。

图 1-1-2-3

（3）勾：五指指尖捏拢，屈腕至极限（图 1-1-2-4）。

动作要点：五指指尖捏紧，屈腕用力。

图 1-1-2-4

二、步型

（1）并步：两脚靠拢，两脚掌内侧相贴，两臂自然垂于体侧（图 1-1-2-5）。

动作要点：立身、挺胸、收腹，两臂自然放松，两掌贴附于两大腿外侧。

（2）开步：两脚左右分开与肩同宽，左脚侧出为左开步，右脚侧出为右开步（图 1-1-2-6）。

动作要点：立身、挺胸、收腹，两脚距与肩同宽。

图 1-1-2-5　　　　　　　　　　图 1-1-2-6

（3）预备势——并步抱拳：两拳收抱于腰间，拳心朝上，目视前方（图 1-1-2-7）。

动作要点：立身、挺胸、收腹，两脚并拢；双拳握紧，拳面不超出躯干。

图 1-1-2-7

（4）抱拳礼：两手屈曲上举，左掌右拳在胸前相抱，左指根线与右拳棱相齐，高与胸齐，拳、掌与胸部的距离为20～30厘米，目视前方（图1-1-2-8、图1-1-2-9）。

动作要点：握拳的五指要卷紧，持掌的四指要伸直；拳、掌的高度以及与胸部的距离要适宜；挺胸立腰，精神集中。

图1-1-2-8　　　　　　　　　　图1-1-2-9

（5）弓步：两脚前后开立（4~5倍脚长），前腿屈膝，大腿接近水平，脚尖微内扣；后腿挺膝伸直，脚尖内扣斜向前。两脚全脚掌着地，横向距离约10厘米，身体重心略偏于前脚（图1-1-2-10）。左脚在前为左弓步，右脚在前为右弓步。

动作要点：挺胸收腹，前腿弓，后腿绷，不掀脚拔跟。

图1-1-2-10

第二节　动态

一、手法

（1）冲拳：拳从腰间贴肋向前快速冲出（图1-1-2-11）；肘过肋时，前臂内旋加速，拧腰顺肩，臂伸直，高与肩平，力达拳面；拳心朝下为平冲拳（图1-1-2-12），拳眼朝上为立冲拳（图1-1-2-13）。

动作要点：拧腰顺肩，前臂内旋，力达拳面。

图1-1-2-11　　　　　　图1-1-2-12　　　　　　图1-1-2-13

（2）亮掌：一掌经身体同侧向外、向上弧形摆至头上方时抖腕翻掌，掌心朝上（图1-1-2-14、图1-1-2-15）。

动作要点：手臂抡摆要直臂，抖腕要快。

图1-1-2-14　　　　　　　　图1-1-2-15

二、腿法

（1）正踢腿：身体直立，一腿伸直支撑；另一腿挺直，勾脚尖向前额踢起（图 1-1-2-16、图 1-1-2-17）。

动作要点：三直一勾（头、颈正直，躯干挺直，踢起腿时脚尖勾紧），膝关节不能弯曲，过腰时加速。

图 1-1-2-16 图 1-1-2-17

（2）后撩腿：支撑腿伸直；另一腿向后上方撩踢，上体背弓，抬头挺胸（图 1-1-2-18、图 1-1-2-19）。

动作要点：不能低头前俯，撩腿以髋关节为轴，直腿上撩。

图 1-1-2-18 图 1-1-2-19

第三章 基础操动作图解

抱拳礼（图 1-1-3-1）。

图 1-1-3-1

预备势：并步抱拳（图 1-1-3-2）。

图 1-1-3-2

第一节　手型变换

一、第一个 8 拍

1 拍：左脚侧出成开立；同时两拳内旋臂向前平拳冲出，力达拳面，拳心朝下，目视前方（图 1-1-3-3）。

动作要点：冲拳要与左脚侧出同时完成，前臂内旋，拳要握紧，力要顺达，两拳稍向中间靠。

（a）正面　　　　　　　　　（b）侧面

图 1-1-3-3

2 拍：屈肘将两拳收至腰间，变掌、臂内旋、经两侧向上划弧至头部上方抖腕翻掌；肘微屈，掌指相对，掌心朝上；同时抬头仰视（图 1-1-3-4）。

动作要点：两拳要收至腰间再变掌向两侧弧形上摆，两手上摆要圆顺，抖腕要干脆；手臂内旋，不能有明显弯曲；掌的四指要伸直、并拢，拇指扣紧。

图 1-1-3-4

3 拍：两掌同时向两侧下摆至平举，并屈腕内扣成勾手，勾尖朝下，目视左勾手方向（图 1-1-3-5）。

动作要点：两掌直臂下摆至接近平举时，即向内屈腕成勾手，两手略高于肩；屈腕要快速有力，五个指尖要捏拢，力达指尖；摆头要干脆。

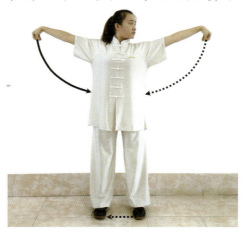

图 1-1-3-5

4 拍：收左脚向右脚并拢；同时两勾手变拳，外旋臂屈肘下摆，收抱于腰间；并摆头向前，成预备势（图 1-1-3-6）。

动作要点：勾手变拳要握紧，外旋臂下摆要干脆；余同预备势。

图 1-1-3-6

5 拍：右脚侧出成开立；同时两拳内旋臂向前平拳冲出，力达拳面，拳心朝下；目视前方（图 1-1-3-7）。

动作要点：冲拳要与右脚侧出同时完成，前臂内旋，拳要握紧，力要顺达，两拳稍向中间靠。

（a）正面 （b）侧面

图 1-1-3-7

6 拍：屈肘将两拳收至腰间，变掌、臂内旋、经两侧向上划弧至头部上方抖腕翻掌；肘微屈，掌指相对，掌心朝上；同时抬头仰视（图 1-1-3-8）。

动作要点：两拳要收至腰间再向两侧弧形上摆，两手上摆要圆顺，抖腕要干脆，手臂内旋，不能有明显弯曲；掌的四指要伸直、并拢，拇指扣紧。

图 1-1-3-8

7 拍：两掌同时向两侧下摆至平举，并屈腕内扣成勾手，勾尖朝下，目视右勾手方向（图 1-1-3-9）。

动作要点：两掌直臂下摆至接近平举时，即向内屈腕成勾手，两手略高于肩；屈腕要快速有力，五个指尖要捏拢，力达指尖；摆头要干脆。

图 1-1-3-9

8拍：收右脚向左脚并拢，同时两勾手变拳、外旋臂屈肘下摆，收抱于腰间；并摆头向前，成预备势（图 1-1-3-10）。

动作要点：勾手变拳要握紧，外旋臂下摆要干脆；余同预备势。

图 1-1-3-10

二、第二个 8 拍

第二个 8 拍动作和要点同第一个 8 拍。

第二节　左右冲拳

一、第一个8拍

1拍：左脚侧出成开立，上体稍向右拧转；同时左拳内旋臂，平拳向前冲出，高与肩平，力达拳面；目视前方（图1-1-3-11）。

动作要点： 出拳要拧腰顺肩，前臂内旋，快速有力；拳要往中线打。

（a）正面　　　　　　　　　　　（b）侧面

图1-1-3-11

2拍：上体向左拧转，左拳外旋臂屈肘收抱于腰间；同时右拳内旋臂平拳向前冲出，高与肩平，力达拳面；目视前方（图1-1-3-12）。

动作要点： 出拳要拧腰顺肩，前臂内旋，快速有力；一收一冲，连贯协调，击点一致。

（a）正面　　　　　　　　　　　（b）侧面

图1-1-3-12

3拍：右拳外旋臂屈肘收抱于腰间；同时左拳内旋臂向左侧平拳冲出，高与肩平，力达拳面，并向左摆头，目视左拳方向（图1-1-3-13）。

动作要点：冲拳快速有力，前臂内旋，力要顺达；冲拳与摆头要协调一致，手眼相随，使动作节奏有明显转换。

4拍：收左脚向右脚并拢；同时左拳外旋臂屈肘收抱于腰间，拳心朝上；并摆头向前，成预备势（图1-1-3-14）。

动作要点：收手、收脚和摆头动作要协调一致，干净利落，不能拖泥带水；余同预备势。

图1-1-3-13　　　　　　　　图1-1-3-14

5拍：右脚侧出成开立，上体稍向左拧转；同时右拳内旋臂，平拳向前冲出，高与肩平，力达拳面；目视前方（图1-1-3-15）。

动作要点：出拳要拧腰顺肩，前臂内旋，快速有力，拳要往中线打。

（a）正面　　　　　　　　（b）侧面

图1-1-3-15

6 拍：上体稍向右拧转，右拳外旋臂屈肘收抱于腰间；同时左拳内旋臂平拳向前冲出，高与肩平，力达拳面；目视前方（图 1-1-3-16）。

　　动作要点：出拳要拧腰顺肩，前臂内旋，快速有力；一收一冲，连贯协调，击点一致。

（a）正面　　　　　　　　（b）侧面

图 1-1-3-16

7 拍：左拳外旋臂屈肘收抱于腰间；同时右拳内旋臂向右侧平拳冲出，高与肩平，力达拳面，并向右摆头；目视右拳方向（图 1-1-3-17）。

　　动作要点：冲拳快速有力，前臂内旋，力要顺达；冲拳与摆头要协调一致，手眼相随，使动作节奏有明显转换。

8 拍：收右脚向左脚并拢；同时右拳外旋臂屈肘收抱于腰间，拳心朝上；并摆头向前，成预备势（图 1-1-3-18）。

　　动作要点：同预备势。

图 1-1-3-17　　　　　　　图 1-1-3-18

二、第二个 8 拍

第二个 8 拍动作和要点同第一个 8 拍。

第三节　摆拳侧屈

一、第一个 8 拍

1 拍：左脚侧出成开立；同时左拳变掌，右手握拳，两手下摆伸直经两侧向上抡摆，在头部上方交会；左手虎口张开，抓握住右手腕部，右手拳峰露出；抬头仰视（图 1-1-3-19）。

动作要点：两手下摆伸直后，要以肩为轴，经体侧直臂立弧上摆；两手交会时，左手要抓握在右手腕部，不能覆盖在右拳拳面上，抬头仰视右拳上方。

图 1-1-3-19

2 拍：两脚不变；上体向左侧屈；两手保持抓握，随体向左振摆，至极限随即还原，眼随手动（图 1-1-3-20、图 1-1-3-21）。

动作要点：上体侧屈时身体要保持在原来立面上，不要向左拧转；右臂保持在右耳侧上方，不要下落至脸前；侧屈时，两臂伸直配合侧向撑伸；身体侧屈和还原动作要连贯、有弹性、幅度大。

图 1-1-3-20

图 1-1-3-21

3 拍：同第 2 拍。

4 拍：收左脚向右并拢；同时右拳变掌，两掌左右分开，经体侧下摆，并屈肘收抱拳于腰间，拳心朝上，成预备势（图 1-1-3-22）。

动作要点：两手分开向左右下摆时，右拳变掌；屈肘收抱时，两掌再变为握拳；余同预备势。

图 1-1-3-22

5 拍：右脚侧出成开立；同时右拳变掌，左手握拳，经两侧向上抡摆，两手在头上方交会，右手虎口张开，抓握住左手腕部，左手拳峰露出；目视两手方向（图 1-1-3-23）。

动作要点：两手下摆伸直后，要以肩为轴，经体侧直臂立弧上摆；两手交会时，右手要抓握在左手腕部，不能覆盖在左拳拳面上，抬头仰视左拳上方。

图 1-1-3-23

6拍：上体向右侧屈；两手保持抓握，随体向右振摆，至极限随即还原，眼随手动（图 1-1-3-24、图 1-1-3-25）。

动作要点：上体侧屈时身体要保持在原来立面上，不要向右拧转；左臂保持在左耳侧上方，不要下落至脸前；侧屈时，两臂伸直配合侧向撑伸；身体侧屈和还原动作要连贯、有弹性、幅度大。

7拍：同第6拍。

图 1-1-3-24

图 1-1-3-25

8拍：收右脚向左并拢；同时左拳变掌，两掌左右分开，经体侧下摆，并屈肘收抱拳于腰间，拳心朝上，成预备势（图 1-1-3-26）。

动作要点：两手分开向左右下摆时，左拳变掌；屈肘收抱时，两掌再变为握拳；余同预备势。

图 1-1-3-26

二、第二个 8 拍

第二个 8 拍动作和要点同第一个 8 拍。

第四节　摆头亮掌

一、第一个 8 拍

1 拍：左脚侧出成开立；同时两拳变掌，向两侧立掌插出，略高于肩，掌心向前，目视前方（图 1-1-3-27）。

动作要点：两拳要稍上提再变掌向两侧插出，四指要伸直、并拢，拇指扣紧，劲力顺达。

图 1-1-3-27

---

2 拍：两脚不变；左掌变拳，屈肘收抱于腰间，拳心朝上；右手上举，至头部侧上方抖腕翻掌成亮掌，掌心朝上；同时向左摆头，目视左前方（图1-1-3-28）。

动作要点：身体稍向左拧转；右手以肩为轴，直臂上举；亮掌要快速有力，摆头要干脆，手眼配合，动作干净利落。

（a）正面　　　　　　　　（b）侧面

图1-1-3-28

3 拍：两脚不变；左拳变掌，向左侧平伸插出；同时右手向右侧立掌下劈至平举；两手掌心向前，略高于肩；并摆头向前，目视正前方（图1-1-3-29）。

动作要点：两手插出和下劈，要协调顺达，臂要伸直平举；两掌拇指一侧在上，略高于肩；身体挺立，呼吸自然。

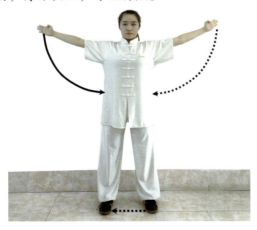

图1-1-3-29

4 拍：收左脚向右脚并拢；两掌变拳，屈肘收抱于腰间，拳心朝上，成预备势（图 1-1-3-30）。

动作要点：收手收脚要同时完成，站立要稳；余同预备势。

图 1-1-3-30

5 拍：右脚侧出成开立；同时两拳变掌，向两侧立掌插出，略高于肩，掌心向前，目视前方（图 1-1-3-31）。

动作要点：两拳要稍上提再变掌向两侧插出，四指要伸直、并拢，拇指扣紧，劲力顺达。

图 1-1-3-31

6 拍：右掌变拳，屈肘收抱于腰间，拳心朝上；左手上举，至头部侧上方抖腕翻掌成亮掌，掌心朝上；同时向右摆头，目视右前方（图 1-1-3-32）。

动作要点：身体稍向右拧转；左手以肩为轴，直臂上举；亮掌要快速有力，摆头要干脆，手眼配合，动作干净利落。

（a）正面　　　　　　　　　　　　　（b）侧面

图 1-1-3-32

7 拍：两脚不变；右拳变掌，向右侧平伸插出；同时左手向左侧立掌下劈至平举；两手掌心向前，略高于肩；并摆头向前，目视正前方（图 1-1-3-33）。

动作要点：两手插出和下劈，要协调顺达，臂要伸直平举；两掌拇指一侧在上，略高于肩；身体挺立，呼吸自然。

图 1-1-3-33

8 拍：收右脚向左脚并拢；同时两掌变拳，收抱于腰间，拳心朝上，成预备势（图 1-1-3-34）。

动作要点：收手收脚要同时完成，站立要稳；余同预备势。

图 1-1-3-34

二、第二个 8 拍

第二个 8 拍动作和要点同第一个 8 拍。

第五节　俯腰前屈

一、第一个 8 拍

　　1 拍：左脚侧出成开立；同时两拳变掌，经两侧弧形上摆至头部上方交叉相叠，右手在上，拇指朝前，掌心朝上；抬头，目视两掌（图 1-1-3-35）。

　　动作要点：两手手臂要伸直，以肩为轴，经侧立弧上摆；身体稍后仰，抬头仰视。

图 1-1-3-35

2拍：上体前屈；两掌叉叠不变，经脸前，随体前屈下按，目视两掌（图 1-1-3-36）。

动作要点：身体前俯，两手要屈曲下落至胸前，再随体下按；下按要有弹性，两腿保持伸直，不弓背；两手往两脚之间的地面下按，前俯的深度可根据个人的体能尽力而行。

图 1-1-3-36

3拍：上体抬起，两掌叉叠，两臂自然下垂，置于腹前，掌心朝下，目视前方（图 1-1-3-37）。

动作要点：上体抬起时可深吸气，两掌保持叉叠。

图 1-1-3-37

4拍：上体前屈；两掌相叠不变，随体前屈下按，目视两掌（图 1-1-3-38）。

动作要点：身体前俯，两手下按要有弹性，两腿保持伸直，不弓背；两手往两脚之间的地面下按，前俯的深度可根据个人的体能尽力而行。

图 1-1-3-38

5拍：上体抬起，两掌叉叠，两臂自然下垂，置于腹前，掌心朝下，目视前方（图1-1-3-39）。

动作要点：上体抬起时可深吸气，两掌保持相叠。

图1-1-3-39

6拍、7拍同4拍、5拍。

8拍：收左脚向右脚并拢；两手变拳，外旋臂，屈肘上提收抱于腰间，拳心朝上，成预备势（图1-1-3-40）。

动作要点：同预备势。

图1-1-3-40

二、第二个8拍

第二个8拍动作和要点同第一个8拍，唯左右相反。

第六节 弓步压腿

一、第一个8拍：左弓步压腿

1拍：身体左转，左脚随体转向左迈出一大步，屈膝半蹲，脚尖稍内扣；右腿蹬直成左弓步；同时两拳变掌、虎口张开、内旋臂成叉腰；目视前方（图1-1-3-41）。

动作要点：左腿屈膝半蹲，右腿蹬直，脚跟不离地；双手叉腰，上体挺直。

图 1-1-3-41

2拍：身体向下振压，重心随之下沉；左腿下坐至水平，左膝稍前顶；右腿伸直配合向下振压；目视前方（图1-1-3-42、图1-1-3-43）。

动作要点：身体向下振压时腿部要有弹性，上体要保持挺胸、塌腰；左腿下压前顶，膝盖不超出脚尖；右腿保持挺直，并配合向下振压；下沉到左大腿至水平后即还原。

图 1-1-3-42

图 1-1-3-43

3拍至7拍同第2拍，下压的力度和深度要逐渐加大。

8 拍：身体立起、右转，收左脚向右脚并拢，两腿直立；同时两掌变拳外旋臂收抱于腰间，成预备势（图 1-1-3-44）。

动作要点：身体立起，并步要站稳；余同预备势。

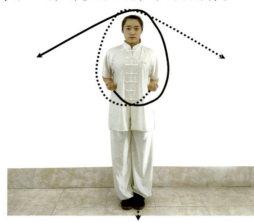

图 1-1-3-44

二、第二个 8 拍：右弓步压腿

动作与要点同第一个 8 拍，唯左右相反。

第七节　左右正踢

一、第一个 8 拍

1 拍：左脚向前上步，重心前移；右脚脚跟提起，前脚掌撑地，成后点步；同时两拳变掌经体前左右交叉斜下插（左手在前），再向上举，向外摆至体侧成平举，掌指朝上，掌心向外，高与肩平，目视前方（图 1-1-3-45）。

动作要点：两拳变掌、内旋臂交叉斜下插（在下腹前）要先启动，然后再上步和上举、分掌抢摆，节奏要控制好；两臂抢摆要快、要伸直，路线要成立圆。

图 1-1-3-45

2 拍：左腿支撑，右腿勾脚挺膝，直腿向额前正上方摆踢；两掌不变，目视前方（图 1-1-3-46）。

动作要点：两腿伸直，膝盖不能弯曲；摆踢时支撑腿脚跟不离地；摆踢腿要快速有力，脚尖朝额前正上方踢；两手伸直不变，不要上举或者下摆；身体挺直，不耸肩、缩脖。

（a）正面　　　　　　　　　　　（b）侧面

图 1-1-3-46

3 拍：右脚向起脚处回落成右后点步；两掌不变，目视前方（图 1-1-3-47）。

动作要点：右腿要保持伸直、有控制地向起脚处回摆，上体姿势保持不变。

图 1-1-3-47

4 拍：收左脚向右脚并拢；同时两掌变拳，外旋臂屈肘收抱于腰间，成预备势（图 1-1-3-48）。

动作要点：同预备势。

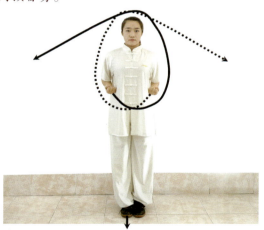

图 1-1-3-48

5 拍：右脚向前上步，重心前移；左脚前脚掌撑地，脚跟提起，成后点步；同时两拳变掌经体前左右交叉斜下插（右手在前），再向上举，向外摆至体侧成平举，掌指朝上，掌心向外，高与肩平，目视前方（图 1-1-3-49）。

动作要点：两拳变掌、内旋臂交叉斜下插（在下腹前）要先启动，然后再上步和上举、分掌抡摆，节奏要控制好；两臂抡摆要快、要伸直，路线要成立圆。

图 1-1-3-49

6 拍：右腿支撑，左腿勾脚挺膝，直腿向额前正上方摆踢；两掌不变，目视前方（图 1-1-3-50）。

动作要点：两腿伸直，膝盖不能弯曲；支撑腿脚跟不离地，摆踢腿要快速有力，脚尖朝额前正上方踢；两手不变，不要上举或者下摆；身体挺直，不耸肩、缩脖。

（a）正面　　　　　　　　　　　　　　　　　　（b）侧面

图 1-1-3-50

7 拍：左脚向起脚处回落成左后点步；两掌不变，目视前方（图 1-1-3-51）。

动作要点：左腿要保持伸直、有控制地向起脚处回摆，上体姿势保持不变。

图 1-1-3-51

8拍：收右脚向左脚并拢；同时两掌变拳，外旋臂屈肘收抱于腰间，成预备势（图 1-1-3-52）。

动作要点：同预备势。

图 1-1-3-52

二、第二个 8 拍

第二个 8 拍动作和要点同第一个 8 拍。

第八节　后仰撩腿

一、第一个 8 拍

1 拍：双脚并步直立，两拳变掌、内旋臂向前平插，掌心朝下，高与肩平，力达指尖；目视前方（图 1-1-3-53）。

动作要点：掌的四指要伸直并紧，拇指紧扣，力达指尖；两掌距离与肩同宽。

（a）正面　　　　　　　　　　　　（b）侧面

图 1-1-3-53

2 拍：双腿屈膝半蹲，双手直臂经下向后摆，停置于身体后下方，掌指向下，掌心朝后；目视前方（图 1-1-3-54）。

动作要点：屈蹲时上体不要前俯，要保持挺胸塌腰；手臂伸直，不要过于外展。

（a）正面　　　　　　　　　　　　（b）侧面

图 1-1-3-54

3拍：身体立起，右腿伸直，并独立支撑；左腿以髋关节为轴，挺膝、直腿，脚面绷紧向后撩起；同时两臂经下、向前、向头上方抢摆，掌心朝上；上体稍后仰，目视前上方（图1-1-3-55）。

动作要点：右腿立起支撑要伸直，左腿后摆脚面要绷直；前摆掌与后撩腿要充分伸展，膝关节和肘关节不能弯曲，使身体形成背弓；头稍后仰。

（a）正面　　　　　　　　　　（b）侧面

图1-1-3-55

4拍：左脚回摆向右脚并拢；同时两掌经前下摆，变拳，屈肘收抱于腰间，成预备势（图1-1-3-56）。

动作要点：左脚直接向右脚回摆并拢；两掌变拳，经体前屈肘收抱于腰间；拳要握紧，保持挺胸立腰；余同预备势。

图1-1-3-56

5拍：双脚并步直立；两拳变掌，内旋臂向前平插，掌心朝下，高与肩平，力达指尖，目视前方（图1-1-3-57）。

动作要点：掌的四指要伸直并紧，拇指紧扣，力达指尖；两掌距离与肩同宽。

（a）正面　　　　　　（b）侧面

图1-1-3-57

6拍：双腿屈膝半蹲；双手直臂经下向后摆，停置于身体后下方，掌指向下，掌心朝后；目视前方（图1-1-3-58）。

动作要点：屈蹲时上体不要前俯，要保持挺胸塌腰；手臂伸直，不要过于外展。

（a）正面　　　　　　（b）侧面

图1-1-3-58

7拍：身体立起，左腿伸直，并独立支撑；右腿以髋关节为轴，挺膝、直腿，脚面绷紧向后撩起；同时两臂经下、向前、向头上方抢摆，掌心朝上；上体稍后仰，目视前上方（图1-1-3-59）。

动作要点：左腿立起支撑要伸直，右腿后摆脚面要绷直；前摆掌与后撩腿要充分伸展，膝关节和肘关节不能弯曲，使身体形成背弓；头稍后仰。

（a）正面　　　　　　　（b）侧面

图 1-1-3-59

8拍：右脚回摆向左脚并拢；同时两掌经前下摆，变拳、屈肘收抱于腰间，成预备势（图 1-1-3-60）。

动作要点：右脚直接向左脚回摆并拢；两掌变拳、经体前屈肘收抱于腰间；拳要握紧，保持挺胸立腰；余同预备势。

二、第二个 8 拍

第二个 8 拍动作和要点同第一个 8 拍。

收式：两拳变掌，自然下垂于大腿两侧，挺胸立腰，成并步直立，目视前方（图 1-1-3-61）。

动作要领：身体自然放松，神情保持专注，不能松懈垮塌。

图 1-1-3-60　　　　　　　图 1-1-3-61

第二部分　功架操

第一章　功架操简介

　　武术套路运动注重一招一式的规格和力点，十分讲究功力，而基本功架则是功力形成的基础。这部分内容丰富，节奏紧凑，攻防有致，动作难度相对较高，因而它的运动量比基础操也有较大幅度的增加。练习功架操有助于提高练习者快速反应的能力和身体各部分密切配合的协调性，也有助于提高攻防意识。

　　中华武术博大精深，拳种众多，各领风骚。在编排功架操的内容时，我们尽可能地做到多元性和统一性的结合。在拟定每小节技法内容的同时，对身法、眼法也提出了相应的要求。内容包含了长拳及闽南地方拳种的元素，有基本的手型、步型、手法、肘法、腿法和平衡动作，也有攻防性较强的传统组合动作。为使练习者易于学习掌握，编排动作时尽可能地避繁就简，名称传统、形象；同时根据轻、重、快、缓、动、静、起、落等运动节奏的变换来进行配乐，使这部分的音乐富有变化，充满激情。

第二章 基本动态

第一节 静态

一、手型

爪（虎爪）：拇指弯曲、紧扣于虎口处；其余四指并紧或微分，第一、二指关节屈曲，手掌背屈，掌心成"凹"型（图 1-2-2-1）。

动作要点：五指弯曲，撑张有力，手掌背屈。

图 1-2-2-1

二、步型

（1）马步：两脚左右开立（约 3 倍脚长），脚尖朝前，屈膝下蹲，大腿接近水平，膝关节内扣，膝盖与脚尖约在一条垂线上，重心落于两脚中间（图 1-2-2-2）。

动作要点：脚尖正踩，膝盖内扣，挺胸立腰。

图 1-2-2-2

（2）骑龙步：前腿半蹲，全脚掌着地；后腿屈曲下跪，脚跟提起，小腿成水平，两脚间距约 3 倍脚长（图 1-2-2-3）。

动作要点：前腿的膝盖不能超出脚尖；下跪腿的脚跟提起，小腿要与地面平行。

图1-2-2-3

第二节　动态

一、手法

推爪：一手五指屈曲成爪，从腰间向前推出，肘贴肋运行，过肋时前臂内旋加速，臂伸直，力达掌根，高与肩平，目视前方（图1-2-2-4、图1-2-2-5）。

动作要点：手腕背屈，力达掌根。

图1-2-2-4　　　　　　　　　　图1-2-2-5

二、腿法

（1）弹踢：一腿直立，另一腿由屈到伸向前弹出，脚面绷平，力达脚尖（图1-2-2-6、图1-2-2-7）。

动作要点：弹踢腿大小腿折叠提起，挺膝快弹，高不过胸，力达脚尖。

图1-2-2-6 　　　　　　　　　　　　　　图1-2-2-7

（2）踩腿：一腿支撑，腿微屈；另一腿经提膝外摆，踝关节前屈，再挺膝前伸，用足底内侧的后半部分向前踩击（图1-2-2-8、图1-2-2-9）。

动作要点：提膝外摆、挺膝前踩要连贯协调，踝关节前屈要紧。

图1-2-2-8 　　　　　　　　　　　　　　图1-2-2-9

第三章　功架操动作图解

预备势：并步抱拳（图 1-2-3-1）。

图 1-2-3-1

第一节　力劈华山

一、第一个 8 拍

1 拍：两拳经体前交叉（左手在前）向上举，再向两侧立拳下劈成平举，高与肩平，拳眼朝上，力达拳轮；同时左脚侧出，两腿屈蹲成马步，并发声"哈"；头向左摆，目视左前方（图 1-2-3-2）。

动作要点：两拳要先启动，先交叉、上举，至准备向两侧劈击时，左脚再同时侧出、下蹲成马步，做到步到手到；发声要洪亮，起到助势的作用；两臂抡劈以肩为轴，不要屈肘，动作连贯协调；摆头干脆，全神贯注。

图 1-2-3-2

2拍：身体左转，两脚随体辗转，右腿蹬直成左弓步；同时右拳随体转向前立拳冲出，力达拳面，拳眼朝上，并发声"哈"；左拳外旋臂、屈肘收抱于腰间，拳心朝上，目视前方（图 1-2-3-3）。

动作要点：步型转换时，重心不要起伏，右腿要蹬直；右拳要经屈肘收至腰间后，再配合右腿的蹬转把拳冲出，做到劲力顺达；发声要洪亮，起到助势的作用。

图 1-2-3-3

3拍：身体向右拧转，重心稍后移，两脚随体辗转，右腿屈膝成马步，脚尖朝前；同时左拳向左侧立拳冲出，高与肩平，拳眼朝上，力达拳面，并发声"哈"；右拳外旋臂、屈肘收抱于右腰间，拳心朝上；目视左拳方向（图 1-2-3-4）。

动作要点：弓步转换成马步的过程中重心不要起伏，马步接近水平即可；左拳要随体拧转直拳冲出，右拳贴身屈肘回收，劲力顺达；发声要洪亮，起到助势的作用。

图 1-2-3-4

4 拍：身体立起，收左脚向右脚并拢；同时左拳外旋臂、屈肘收抱于腰间，成预备势（图 1-2-3-5）。

动作要点：立起要干脆、挺直；双拳要紧贴腰部，拳峰不超出躯干、不低垂，保持挺胸立腰；余同预备势。

图 1-2-3-5

5 拍：两拳经体前交叉（右手在前）向上举，再向两侧立拳下劈成平举，高与肩平，拳眼朝上，力达拳轮；同时右脚侧出，两腿屈蹲成马步，并发声"哈"；头向右摆，目视右前方（图 1-2-3-6）。

动作要点：两拳要先启动，先交叉、上举，至准备向两侧劈击时，右脚再同时侧出、下蹲成马步，做到步到手到；发声要洪亮，起到助势的作用；两臂抡劈以肩为轴，不要屈肘，动作连贯协调；摆头干脆，全神贯注。

图 1-2-3-6

6 拍：身体右转，两脚随体辗转，左腿蹬直成右弓步；同时左拳随体转向前立拳冲出，力达拳面，拳眼朝上，并发声"哈"；右拳外旋臂、屈肘收抱于腰间，拳心朝上，目视前方（图 1-2-3-7）。

动作要点：步型转换时，重心不要起伏，左腿要蹬直；左拳要经屈肘收至腰间后，再配合左腿的蹬转把拳冲出，做到劲力顺达；发声要洪亮，起到助势的作用。

图 1-2-3-7

7 拍：身体向左拧转，重心稍后移，两脚随体辗转，左腿屈膝成马步，脚尖朝前；同时右拳向右侧立拳冲出，高与肩平，拳眼朝上，力达拳面，并发声"哈"；左拳外旋臂、屈肘收抱于左腰间，拳心朝上；目视右拳方向（图 1-2-3-8）。

动作要点：弓步转换成马步的过程中重心不要起伏，马步接近水平即可；右拳要随体拧转直拳冲出，左拳贴身屈肘回收，劲力顺达；发声要洪亮，起到助势的作用。

图 1-2-3-8

8 拍：身体立起，收右脚向左脚并拢；同时右拳外旋臂、屈肘收抱于腰间，成预备势（图 1-2-3-9）。

动作要点：立起要干脆、挺直；双拳要紧贴腰部，拳峰不超出躯干、不低垂，保持挺胸立腰；余同预备势。

图 1-2-3-9

二、第二个 8 拍

第二个 8 拍的动作与要点同第一个 8 拍。

第二节　蟒蛇出洞

一、第一个 8 拍

1 拍：上体稍左转，左脚随之向左斜前方上步成前后开立；同时左拳内旋臂，屈肘经体前上摆至额前上方，拳眼朝下，拳心向外；右拳不动，目视左前方（图 1-2-3-10）。

动作要点：左拳内旋臂上架要迅猛有力，力达前臂，要与上步同时完成；手臂经体前上摆，不宜过高，在额前上方即可。

2 拍：身体向左拧转，重心稍前移；右脚脚跟提起，前脚掌撑地；同时右拳随体拧转向前上方勾击，力达拳面，拳心向内，高与额同；左拳下落，屈肘收抱于腰间，目视前方（图 1-2-3-11）。

动作要点：右勾拳要借助右脚的蹬转，腰腿协调用劲，力达拳面；上臂与前臂的夹角在 130 度左右。

图 1-2-3-10　　　　　　　　　图 1-2-3-11

3 拍：身体向右拧转，两脚随体辗转，右脚跟回落着地，重心稍后移；同时左拳内旋臂向左前方平拳冲出，高与肩平，力达拳面，拳心朝下；右拳收抱于右腰侧，拳心朝上；目视左拳方向（图 1-2-3-12）。

动作要点：左直冲拳要与身体拧转、右脚踩实协调用劲，做到连贯顺达；右拳要贴身回抽。

4 拍：收左脚向右脚并拢，身体回正，脚尖朝前；同时左拳外旋臂，屈肘收抱于腰间，成预备势（图 1-2-3-13）。

动作要点：左脚回收时，右脚稍作辗转，使脚尖朝前；余同预备势。

图1-2-3-12　　　　　　　　　　　图1-2-3-13

5拍：上体稍右转，右脚随之向右斜前方上步成前后开立；同时右拳内旋臂，屈肘经体前上摆至额前上方，拳眼朝下，拳心向外；左拳不动，目视右前方（图1-2-3-14）。

动作要点：右拳内旋臂上架要迅猛有力，力达前臂，要与上步同时完成；手臂经体前上摆，不宜过高，在额前上方即可。

6拍：身体向右拧转，重心稍前移；左脚脚跟提起，前脚掌撑地；同时左拳随体拧转向前上方勾击，力达拳面，拳心向内，高与额同；右拳下落，屈肘收抱于腰间，目视前方（图1-2-3-15）。

动作要点：左勾拳要借助左脚的蹬转，腰腿协调用劲，力达拳面；上臂与前臂的夹角在130度左右。

图1-2-3-14　　　　　　　　　　　图1-2-3-15

7拍：身体向左拧转，两脚随体辗转，左脚跟回落着地，重心稍后移；同时右拳内旋臂向右前方平拳冲出，高与肩平，力达拳面，拳心朝下；左拳收抱于左腰侧，拳心朝上；目视右拳方向（图1-2-3-16）。

动作要点：右直冲拳要与身体拧转、左脚踩实协调用劲，做到连贯顺达；左拳要贴身回抽。

8拍：收右脚向左脚并拢，身体回正，脚尖朝前；同时右拳外旋臂屈肘收抱于腰间成预备势（图1-2-3-17）。

动作要点：右脚回收时，左脚稍作辗转，使脚尖朝前；余同预备势。

图1-2-3-16 　　　　　　　　　　图1-2-3-17

二、第二个8拍

第二个8拍的动作与要点同第一个8拍。

第三节　猛虎舞爪

一、第一个8拍

1拍：上体稍左转，左脚侧出，脚尖稍里扣，朝斜前方；两腿屈膝下蹲成半马步；同时左拳外旋臂，屈肘经体前向上、向外横摆，拳眼向外，拳面朝上，力达前臂桡侧，高与肩平；右拳不动，目视左前方（图1-2-3-18）。

动作要点：上步与上格打要同时完成；上臂与前臂的夹角在120度左右；拧腰和旋臂摆格要协调一致，步到手到。

图 1-2-3-18

2 拍：左拳屈肘内旋臂，经体前向下、向外摆成直臂格打，力达前臂尺侧，拳心向下，高与腰齐；右拳不动，目视左拳方向（图 1-2-3-19）。

动作要点：左拳旋臂下格要借助腰马发力，上体稍前俯，重心稍下沉。

图 1-2-3-19

3 拍：身体向左拧转，右脚随体辗转，脚跟抬起，前脚掌撑地，膝盖前跪，小腿与地面平行，成骑龙步；同时左手变虎爪，翻手扣压、护于右手肘下方，手心向下，右拳变虎爪内旋臂向前推出，力达掌根，并发声"呼"；目视前方（图 1-2-3-20）。

动作要点：转腰、蹬撑和推爪要协调一致；发声要有"底气"，起到助势的作用；骑龙步的脚跟要朝上，小腿与地面平行，膝盖不能触地；左手在右臂肘下方 10 厘米左右，不要贴紧。

图 1-2-3-20

4拍：身体立起右转，收左脚向右脚并拢；同时两手变拳，收抱于腰间成预备势（图1-2-3-21）。

动作要点：身体立起要同时右转，站立要稳；余同预备势。

图1-2-3-21

5拍：上体稍右转，右脚侧出，脚尖稍里扣，朝斜前方；两腿屈膝下蹲成半马步；同时右拳外旋臂，屈肘经体前向上、向外横摆，拳眼向外，拳面朝上，力达前臂桡侧，高与肩平；左拳不动，目视右前方（图1-2-3-22）。

动作要点：上步与上格打要同时完成；上臂与前臂的夹角在120度左右；拧腰和旋臂摆格要协调一致，步到手到。

图1-2-3-22

6拍：右拳屈肘内旋臂，经体前向下、向外摆成直臂格打，力达前臂尺侧，拳心向下，高与腰齐；左拳不动，目视右拳方向（图1-2-3-23）。

动作要点：右拳旋臂下格要借助腰马发力，上体稍前俯，重心稍下沉。

图 1-2-3-23

7 拍：身体向右拧转，左脚随体辗转，脚跟抬起，前脚掌撑地，膝盖前跪，小腿与地面平行，成骑龙步；同时右手变虎爪，翻手扣压、护于左手肘下方，手心向下，左拳变虎爪内旋臂向前推出，力达掌根，并发声"呼"；目视前方（图 1-2-3-24）。

动作要点：转腰、蹬撑和推爪要协调一致；发声要有"底气"，起到助威的作用；骑龙步的脚跟要朝上，小腿与地面平行，膝盖不能触地；右手在左臂肘下方 10 厘米左右，不要贴紧。

图 1-2-3-24

8 拍：身体立起左转，收右脚向左脚并拢；同时两手变拳，收抱于腰间成预备势（图 1-2-3-25）。

动作要点：身体立起要同时左转，站立要稳；余同预备势。

二、第二个 8 拍

第二个 8 拍动作和要点同第一个 8 拍。

图 1-2-3-25

第四节　金鸡振翅

一、第一个 8 拍

1拍：身体稍向右拧转，右脚独立支撑，左腿屈膝提起成提膝平衡；右拳上冲，力达拳面，拳眼朝后；左拳变掌，经体前上摆，立掌贴附于右肩前；同时向左摆头，目视左前方（图 1-2-3-26）。

动作要点：提膝要快，膝高过腰，脚面绷平、内收；站立要稳，支撑脚五趾抓地；摆头干脆，双目有神。

图 1-2-3-26

2拍：左脚向左前方落步；左掌向左前方平切，高与肩平，力达掌刃，掌心朝下；右拳下落收抱于腰间；目视左前方（图1-2-3-27）。

动作要点：落步与切掌同时完成；领腰顺肩，做到劲力顺达。

图1-2-3-27

3拍：右脚蹬地，脚跟提起，重心前移，上体随之左转；同时右掌立掌向前推出，高与肩平，力达掌根，掌心朝外；左掌屈肘回收，立掌贴附于右上臂内侧；目视前方（图1-2-3-28）。

动作要点：右脚蹬地与转身推掌要协调一致，做到劲力顺达。

图1-2-3-28

4拍：收左脚向右脚并拢；同时两掌变拳收抱于腰间成预备势（图1-2-3-29）。

动作要点：同预备势。

5拍：身体稍向左拧转，左脚独立支撑，右腿屈膝提起成提膝平衡；左拳上冲，力达拳面，拳眼朝后；右拳变掌，经体前上摆，立掌贴附于左肩前；同时向右摆头，目视右前方（图1-2-3-30）。

动作要点：提膝要快，膝高过腰，脚面绷平、内收；站立要稳，支撑脚五趾抓地；摆头干脆，双目有神。

图1-2-3-29　　　　　　　　　　图1-2-3-30

6拍：右脚向右前方落步；右掌向右前方平切，高与肩平，力达掌刃，掌心朝下；左拳下落收抱于腰间；目视右前方（图1-2-3-31）。

动作要点：落步与切掌同时完成；领腰顺肩，做到劲力顺达。

7拍：左脚蹬地，脚跟提起，重心前移，上体随之右转；同时左掌立掌向前推出，高与肩平，力达掌根，掌心朝外；右掌屈肘回收，立掌贴附于左上臂内侧；目视前方（图1-2-3-32）。

动作要点：左脚蹬地与转身推掌要协调一致，做到劲力顺达。

图1-2-3-31　　　　　　　　　　图1-2-3-32

8拍：收右脚向左脚并拢；同时两掌变拳收抱于腰间成预备势（图1-2-3-33）。

动作要点：同预备势。

图 1-2-3-33

二、第二个 8 拍

第二个 8 拍的动作与要点同第一个 8 拍。

第五节　黑熊撼树

一、第一个 8 拍

1拍：左脚侧出成开立；同时右拳变掌，屈肘经体前向左、向上拍按左肩部；左拳直臂向左后下方摆击，成左斜下举，拳眼朝前；头向左后转，目视左手方向（图 1-2-3-34）。

动作要点：右手拍按要快速、有力，要有控制住对方手掌的意识；摆头要快，颔微收。

2拍：重心右移，左脚经提膝在右脚内侧猛力下跺，成并步屈蹲；同时左臂经侧后、向上抢摆至头上方时屈肘向体前下砸，力达肘尖；右掌不变，目视前方（图 1-2-3-35）。

动作要点：左脚提膝离地不要过高，下跺要猛；沉肘下砸要配合重心下沉来加大力度，要浑身使劲。

图 1-2-3-34　　　　　　　　图 1-2-3-35

3 拍：左脚向左侧横出，两腿屈膝成马步；同时左臂向左顶肘，高与肩平；右掌变拳收抱于腰侧；并向左摆头，发声"哈"，目视左侧方向（图 1-2-3-36）。

动作要点：顶肘和上步要形成合力，连撞带靠，要与上一动作关联起来，有拉进来再顶靠出去的意识；发声要洪亮，起到助势的作用。

图 1-2-3-36

4 拍：身体立起，收左脚向右脚并拢；同时左拳下落收抱于腰间成预备势（图 1-2-3-37）。

动作要点：同预备势。

5 拍：右脚侧出成开立；同时左拳变掌，屈肘经体前向右、向上拍按右肩部；右拳直臂向右后下方摆击，成右斜下举，拳眼朝前；头向右后转，目视右手方向（图 1-2-3-38）。

动作要点：左手拍按要快速、有力，要有控制住对方手掌的意识；摆头要快，颌微收。

图1-2-3-37　　　　　　　　　图1-2-3-38

6拍：重心左移，右脚经提膝在左脚内侧猛力下跺，成并步屈蹲；同时右臂经侧后、向上抡摆至头上方时屈肘向体前下砸，力达肘尖；左掌不变，目视前方（图1-2-3-39）。

动作要点：右脚提膝离地不要过高，下跺要猛；沉肘下砸要配合重心下沉来加大力度，要浑身使劲。

图1-2-3-39

7拍：右脚向右侧横出，两腿屈膝成马步；同时右臂向右顶肘，高与肩平；左掌变拳收抱于腰侧；并向右摆头，发声"哈"，目视右侧方向（图1-2-3-40）。

动作要点：顶肘和上步要形成合力，连撞带靠，要与上一动作关联起来，有拉进来再顶靠出去的意识；发声要洪亮，起到助势的作用。

图 1-2-3-40

8 拍：身体立起，收右脚向左脚并拢；同时右拳下落收抱于腰间成预备势（图 1-2-3-41）。

动作要点：上体立起要干脆，双手抱拳要紧贴腰部，两肘不外张，双拳不低垂，保持挺胸立腰。

图 1-2-3-41

二、第二个 8 拍

第二个 8 拍的动作和要点同第一个 8 拍。

第六节 张弓射虎

一、第一个8拍

1拍：左脚侧出一大步，脚尖稍外展，两脚跟距离宽于肩，成大开立；同时上体稍左转，左臂屈肘抬起，向左侧鞭击，拳眼向上，高与肩平；右拳不动，头向左摆，目视左前方（图1-2-3-42）。

动作要点：左脚侧出宽于肩，左臂要先抬起再横向鞭击，力达拳面，做到步到手到，手眼相随。

2拍：上体向左拧转，重心左移，左脚屈膝半蹲，右腿蹬直成左弓步；同时左拳屈肘收至左腰际，拳心朝上；右拳随体转直臂经右向前平抡，停置于正前方，拳略高于肩，拳眼朝上；目视前方（图1-2-3-43）。

动作要点：抡拳与鞭拳要连贯，两个击打点要一致，右拳抡摆要拧腰顺肩，放长击远。

图1-2-3-42

图1-2-3-43

3拍：上体向右拧转，重心右移，右腿屈膝；左腿挺膝蹬直成横裆步；同时右拳屈肘向右后平拉，置于右耳侧前，拳眼朝上；左拳随体转向左前方立拳冲出，拳眼朝上，略高于肩；目视左拳方向（图1-2-3-44）。

动作要点：借助身体拧转、重心后移，顺势冲出左拳，一拉一冲要协调；眼神朝左上方，有弯弓射日的姿态。

4拍：上体立起，收左脚向右脚并拢；同时两拳收抱于腰间成预备势（图1-2-3-45）。

动作要点：上体立起要干脆，双手抱拳要紧贴腰际，两肘不外张，双拳不低垂，保持挺胸立腰。

图 1-2-3-44　　　　　　　　　图 1-2-3-45

5 拍：右脚侧出一大步，脚尖稍外展，两脚跟距离宽于肩，成大开立；同时上体稍右转，右臂屈肘抬起，向右侧鞭击，拳眼向上，高与肩平；左拳不动，头向右摆，目视右前方（图 1-2-3-46）。

动作要点：右脚侧出宽于肩，右臂要先抬起再横向鞭击，力达拳面，做到步到手到，手眼相随。

6 拍：上体向右拧转，重心右移，右脚屈膝半蹲，左腿蹬直成右弓步；同时右拳屈肘收至右腰际，拳心朝上；左拳随体转直臂经左向前平抡，停置于正前方，拳略高于肩，拳眼朝上，目视前方（图 1-2-3-47）。

动作要点：抡拳与鞭拳要连贯，两个击打点要一致，左拳抡摆要拧腰顺肩，放长击远。

图 1-2-3-46　　　　　　　　　图 1-2-3-47

7拍：上体向左拧转，重心左移，左腿屈膝；右腿挺膝蹬直成横裆步；同时左拳屈肘向左后平拉，置于左耳侧前，拳眼朝上；右拳随体转向右前方立拳冲出，拳眼朝上，略高于肩，目视右拳方向（图1-2-3-48）。

动作要点：借助身体拧转、重心后移，顺势冲出右拳，一拉一冲要协调；眼神朝右上方，有弯弓射日的姿态。

8拍：上体立起，收右脚向左脚并拢；同时两拳收抱于腰间成预备势（图1-2-3-49）。

动作要点：同预备势。

图1-2-3-48　　　　　　　　　图1-2-3-49

二、第二个8拍

第二个8拍的动作和要点同第一个8拍。

第七节　袖底穿梭

一、第一个8拍

1拍：左腿向后撤步，脚跟提起，前脚掌撑地，重心偏前，成后撤步；同时左拳向前平拳冲出，高与肩平，力达拳面，并发声"哈"；右手不动，目视前方（图1-2-3-50）。

动作要点：后撤步与冲拳要同时完成，要拧腰顺肩，冲拳力点在正前方；发声要干脆有力。

图 1-2-3-50

2 拍：右腿独立支撑；左腿屈膝提起向前弹踢，腿高及腰；同时左拳屈肘收至左腰际；右拳向前平拳冲出，高与肩平，力达拳面，并发声"哈"；目视前方（图 1-2-3-51）。

动作要点：弹踢与冲拳要协调一致，大小腿要折叠，挺膝快弹，力达脚尖，高不过腰；发声要干脆有力。

（a）正面   （b）侧面

图 1-2-3-51

3 拍：上动不停，左脚向后回落，前脚掌着地，脚跟提起；同时右拳收至右腰际，拳心朝上；左拳向前平拳冲出，高与肩平，力达拳面，并发声"哈"；目视前方（图 1-2-3-52）。

动作要点：弹踢腿要回原位，两拳一拉一冲要连贯，击点一致，眼神贯注；发声要干脆有力。

4 拍：收左脚向右脚并拢；同时两拳收抱于腰间，成预备势（图 1-2-3-53 ）。

　　动作要点：同预备势。

图 1-2-3-52　　　　　　　　　图 1-2-3-53

5 拍：右腿向后撤步，脚跟提起，前脚掌撑地，重心偏前，成后撤步；同时右拳向前平拳冲出，高与肩平，力达拳面，并发声"哈"；左手不动，目视前方（图 1-2-3-54 ）。

　　动作要点：后撤步与冲拳要同时完成，要拧腰顺肩，冲拳力点在正前方；发声要干脆有力。

（a）正面　　　　　　　　　　　　　（b）侧面

图 1-2-3-54

6 拍：左腿独立支撑；右腿屈膝提起向前弹踢，腿高及腰；同时右拳屈肘收至右腰际；左拳向前平拳冲出，高与肩平，力达拳面，并发声"哈"；目视前方（图 1-2-3-55 ）。

动作要点：弹踢与冲拳要协调一致，大小腿要折叠，挺膝快弹，力达脚尖，高不过腰；发声要干脆有力。

（a）正面 　　　　　　　　　（b）侧面

图 1-2-3-55

7 拍：上动不停，右脚向后回落，前脚掌着地，脚跟提起；同时左拳收至左腰际，拳心朝上；右拳向前平拳冲出，高与肩平，力达拳面，并发声"哈"；目视前方（图 1-2-3-56）。

动作要点：弹踢腿要回原位，两拳一拉一冲要连贯，击点一致，眼神贯注；发声要干脆有力。

8 拍：收右脚向左脚并拢；同时两拳收抱于腰间，成预备势（图 1-2-3-57）。

动作要点：同预备势。

图 1-2-3-56 　　　　　　　　　图 1-2-3-57

二、第二个 8 拍

第二个 8 拍的动作和要点同第一个 8 拍。

第八节　猿猴弄臂

一、第一个8拍

1拍：上体稍左转，左脚随之向左斜前方上步，重心前移；右脚前脚掌撑地，脚跟提起；同时右拳随体转屈肘向前、向上勾击，力达拳面，拳心朝内，高达下颌；左手不动，目视前方（图1-2-3-58）。

动作要点：上步、转体和勾拳要协调连贯；右脚蹬撑，勾拳不要高过下颌。

2拍：上体稍向右拧转，右拳回摆收抱于腰间；左拳屈肘内旋，经体前上摆，横架于额前上方，拳眼朝下，拳心向外；同时左脚支撑，腿稍屈；右脚经屈膝提起，脚尖勾紧外展，向前下方踩击，力达脚跟，高不过膝；目稍仰视（图1-2-3-59）。

动作要点：上架与踩腿要同时完成；上架要内旋臂；踩腿要先屈腿上提再向前下方踩出。

图1-2-3-58　　　　　　　　　　　图1-2-3-59

3拍：左腿蹬直；右脚向后回落，前脚掌撑地，脚跟提起；同时右拳立拳向前冲出，拳眼朝上，高与肩平；左拳变掌下落，立掌贴附于右上臂内侧；目视前方（图1-2-3-60）。

动作要点：要在左腿蹬直、右脚回摆蹬撑的同时，将右拳冲出；要拧腰顺肩，力达拳面。

4拍：收左脚向右脚并拢；同时左掌变拳，两拳收抱于腰间成预备势（图1-2-3-61）。

动作要点：同预备势。

图 1-2-3-60　　　　　　　　　　　　图 1-2-3-61

　　5 拍：上体稍右转，右脚随之向右斜前方上步，重心前移；左脚前脚掌撑地，脚跟提起；同时左拳随体转屈肘向前、向上勾击，力达拳面，拳心朝内，高达下颌；右手不动，目视前方（图 1-2-3-62）。

　　动作要点：上步、转体和勾拳要协调连贯；左脚蹬撑，勾拳不要高过下颌。

　　6 拍：上体稍向左拧转，左拳回摆收抱于腰间；右拳屈肘内旋，经体前上摆，横架于额前上方，拳眼朝下，拳心向外；同时右脚支撑，腿稍屈；左脚经屈膝提起，脚尖勾紧外展，向前下方踩击，力达脚跟，高不过膝；目稍仰视（图 1-2-3-63）。

　　动作要点：上架与踩腿要同时完成；上架要内旋臂；踩腿要先屈腿上提再向前下方踩出。

图 1-2-3-62　　　　　　　　　　　　图 1-2-3-63

7拍：右腿蹬直；左脚向后回落，前脚掌撑地，脚跟提起；同时左拳立拳向前冲出，拳眼朝上，高与肩平；右拳变掌下落，立掌贴附于左上臂内侧；目视前方（图1-2-3-64）。

动作要点：要在右腿蹬直、左脚回摆蹬撑的同时，将左拳冲出；要拧腰顺肩，力达拳面。

图1-2-3-64

8拍：收右脚向左脚并拢；同时右掌变拳，两拳收抱于腰间成预备势（图1-2-3-65）。

动作要点：同预备势。

图1-2-3-65

二、第二个8拍

第二个8拍的动作和要点同第一个8拍。

收式：两拳变掌下摆自然垂于体侧成并步直立，目视前方（图 1-2-3-66 ）。

动作要点：同并步站立。

图 1-2-3-66

第三部分　散手操

第一章　散手操简介

　　攻防技击是武术运动的核心要素，是武术区别于其他运动项目的特性之所在。武术散手鲜明地体现了武术的尚武精神，反映了习武者敢于拼搏、不屈不挠、机智善变、自立自强的精神境界，它是武术运动不可缺少的一个重要组成部分。因此，我们把"散手操"单列为一个部分进行编排。在这短短的几个节拍中要想全面体现散手的技术内容是不可能的，所以"散手操"中的拳法、步法和腿法只可反映散手运动的一斑。从实用性角度出发，这一部分只选用了直拳、勾拳、铲腿和低鞭腿等动作，为保持组合动作的连贯特性，充分体现快速勇猛的攻防意识，有的一个节拍需要完成两个连续的动作；练习时配以铿锵有力的音乐来增强散手运动的搏击气氛，激发练习者的斗志。

第二章　基本动态

第一节　静态

　　格斗式：两脚前后开立，距离稍大于肩；前脚掌稍内扣，后脚跟微离地；两膝微屈，身体重心在两腿之间；身体侧向前方，含胸收腹；两手握拳屈臂置于体前，前臂的肘关节夹角在90度至110度之间，高与鼻齐，肘下垂；后臂的拳在颌下，屈臂贴靠于胸肋，下颌微内收，目平视，合齿闭唇。左脚在前为左式，右脚在前为右式（图1-3-2-1）。

　　动作要点：不能歪头、耸肩，肘要下坠；两臂不能过于紧张；眼神要专注，要充满自信。

图1-3-2-1

第二节　动态

　　（1）直拳：手臂由屈到伸，内旋臂90度将拳快速冲出，目视前方。左手出击为左直拳，右手出击为右直拳。（图1-3-2-2、图1-3-2-3为右直拳）

动作要点：出拳要转腰顺肩、击点清晰、快速有力。

图 1-3-2-2　　　　　　　　　图 1-3-2-3

（2）铲腿：一腿支撑，腿稍屈；另一腿先提膝内收，踝关节内扣，再挺膝伸腿，用足外侧（足刀）向前下方铲击（图 1-3-2-4、图 1-3-2-5）。

动作要点：提膝内收、挺膝前击要连贯协调，踝关节内扣要紧。

图 1-3-2-4　　　　　　　　　图 1-3-2-5

（3）鞭腿：支撑腿稍屈，脚尖外展；另一腿屈膝提起，脚面绷紧，扣膝翻脚，以大腿带动小腿弧形摆动，向前下方挺膝鞭击（图 1-3-2-6、图 1-3-2-7）。

动作要点：转腰、扣膝、翻脚、摆腿时动作要快速连贯，力达脚背及小腿前侧。

图 1-3-2-6

图 1-3-2-7

第三章　散手操动作图解

预备势：并步抱拳（图 1-3-3-1 ）。

图 1-3-3-1

第一节　铲腿直拳

一、第一个 8 拍

1 拍（格斗势）：左脚向左前方上步，脚尖稍内扣；右脚蹬撑，脚跟离地；同时，两拳经体前屈肘上摆，左拳在前，成左格斗式（图 1-3-3-2 ）。

动作要点：重心落在两脚之间，不要前倾和后仰；收腹含胸、松肩坠肘；下颌微内收，目光坚定、自信。

2 拍：重心后移，右脚踩实，膝微屈，并独立支撑；左脚屈膝提起，脚掌内扣向前下方铲击，力达脚掌外沿，高不过膝；同时，左拳稍向下颌处回摆，右拳不变；目视左前方（图 1-3-3-3 ）。

动作要点：铲腿脚尖要勾起，由屈到伸、挺膝铲出；身体稍向右侧倾，目视左前方，不要低头看脚。

图 1-3-3-2　　　　　　　　　　图 1-3-3-3

3拍：左脚向前落步，脚尖稍内扣；右脚前脚掌蹬撑，脚跟离地；两腿膝微屈，身体稍向右拧转，重心稍偏前；同时，左拳顺势内旋臂向前直拳冲出，力达拳面，高与鼻齐，拳心向下；目视前方（图1-3-3-4）。

上动不停，身体向左拧转，重心稍前移，右拳向前直拳冲出，力达拳面，高与鼻齐，拳心向下；同时左拳屈肘回收，置于下颌前，目视前方（图1-3-3-5）。

动作要点：一个节拍，要完成两个动作；左拳出击要借助左脚向前落步、重心前移之势将拳击出；右拳要利用右脚蹬撑、身体拧转将拳击出；两拳连击要快速流畅，劲力顺达，要击在同一点上；身形保持含胸、收腹及下颌微内收。

图 1-3-3-4　　　　　　　　　　图 1-3-3-5

4拍：收左脚向右脚并拢；同时两拳下摆收抱于腰间成预备势（图1-3-3-6）。

动作要点：同预备势。

5拍（格斗势）：右脚向右前方上步，脚尖稍内扣；左脚蹬撑，脚跟离地；同时，两拳经体前屈肘上摆，右拳在前，成右格斗式（图1-3-3-7）。

动作要点：重心落在两脚之间，不要前倾和后仰；收腹含胸、松肩坠肘，目光坚定、自信。

图1-3-3-6　　　　　　　　　图1-3-3-7

6拍：重心后移，左脚踩实，膝微屈，并独立支撑；右脚屈膝提起，脚掌内扣向前下方铲击，力达脚掌外沿，高不过膝；同时，右拳稍向下颌处回摆，左拳不变，目视前方（图1-3-3-8）。

动作要点：铲腿脚尖要勾起，由屈到伸、挺膝铲出；身体稍向左侧倾，目视右前方，不要低头看脚。

图1-3-3-8

7拍：右脚向前落步，脚尖稍内扣；左脚前脚掌蹬撑，脚跟离地；两腿膝微屈，身体稍向左拧转，重心稍偏前；同时，右拳顺势内旋臂向前直拳冲出，力达拳面，高与鼻齐，拳心向下；目视前方（图1-3-3-9）。

上动不停，身体向右拧转，重心稍前移，左拳向前直拳冲出，力达拳面，高与鼻齐，拳心向下；同时右拳屈肘回收，置于下颌前，目视前方（图1-3-3-10）。

动作要点：一个节拍，要完成两个动作；右拳出击要借助右脚向前落步、重心前移之势将拳击出；左拳要利用左脚蹬撑、身体拧转将拳击出；两拳连击要快速流畅，劲力顺达，要击在同一点上；身形保持含胸、收腹及下颌微内收。

图1-3-3-9　　　　　　　　　　图1-3-3-10

8拍：收右脚向左脚并拢；同时两拳下摆收抱于腰间成预备势（图1-3-3-11）。

动作要点：同预备势。

图1-3-3-11

二、第二个8拍

第二个8拍的动作与要点同第一个8拍。

第二节　鞭腿勾拳

一、第一个8拍

1拍（格斗势）：左脚向左前方上步，脚尖稍内扣；右脚蹬撑，脚跟离地；同时，两拳经体前屈肘上摆，左拳在前，成左格斗式（图1-3-3-12）。

动作要点：重心落在两脚之间，不要前倾和后仰；要收腹含胸、松肩坠肘；下颌微内收，目光坚定、自信。

2拍：右脚踩实，重心后移，右腿稍屈并独立支撑；左腿绷脚背屈膝提起，随即向内、向前下方挺膝鞭甩小腿，力达脚背，高不过膝；同时，左拳以肘关节为轴，前臂内旋向下、向后弧形格击，停置于左外侧，力达尺侧，拳眼朝下；右拳不变，目视左前方（图1-3-3-13）。

动作要点：左腿要在重心后移的瞬间，屈膝提起，并随即向前鞭击，甩摆的幅度不宜过大，脚背要绷紧；左手内旋臂向外、向下格击，既为防守，又可起平衡作用。

图1-3-3-12　　　　　　　　　　图1-3-3-13

3拍：左脚向前落步，脚尖稍内扣；右脚前脚掌蹬撑，脚跟离地；两腿膝稍屈，身体稍向右拧转，重心偏前；同时左拳顺势向前上方贯击，肘稍屈，肘的夹角在150度至160度之间；力达拳面，拳心向下，高与眉齐；右拳不变，目视前方（图1-3-3-14）。

上动不停，右脚向内蹬转，裆部裹挟，身体向左拧转；同时右拳外旋臂经下落至腹前，屈肘向前、向上抄击，力达拳面，拳心向内，肘的夹角在90度至100度之间；左拳沉肘下落，屈臂贴靠胸肋置于下颌前，拳眼向后，目视前方（图1-3-3-15）。

动作要点：左贯拳要顺落步之势直接向前上方贯打，不要做引拳动作；右抄拳的整个运动路线要在体前完成，外旋臂下落不能低于腰际；两拳要连贯，相互呼应，要在一个节拍里完成动作。

图1-3-3-14　　　　　　　　　图1-3-3-15

4拍：身体直起，收左脚向右脚并拢；同时两拳下摆收抱于腰间成预备势（图1-3-3-16）。

动作要点：同预备势。

图1-3-3-16

5拍（格斗势）：右脚向右前方上步，脚尖稍内扣；左脚蹬撑，脚跟离地；同时，两拳经体前屈肘上摆，右拳在前，成右格斗式（图 1-3-3-17）。

动作要点：重心落在两脚之间，不要前倾和后仰；要收腹含胸、松肩坠肘；下颌微内收，目光坚定、自信。

6 拍：左脚踩实，重心后移，左腿稍屈并独立支撑；右腿绷脚背屈膝提起，随即向内、向前下方挺膝鞭甩小腿，力达脚背至小腿前下端，高不过膝；同时，右拳以肘关节为轴，前臂内旋向下、向后弧形格击，置于右外侧，力达尺侧，拳眼朝下；左拳不变，目视右前方（图 1-3-3-18）。

动作要点：右腿要在重心后移的瞬间，屈膝提起，并随即向前鞭击，甩摆的幅度不宜过大，脚背要绷紧；右手旋臂向外、向下格击，既为防守，又可起平衡作用。

图 1-3-3-17　　　　　　　　　　　　图 1-3-3-18

7 拍：右脚向前落步，脚尖稍内扣；左脚前脚掌蹬撑，脚跟稍离地；两腿膝微屈，身体稍向左拧转，重心偏前；同时右拳顺势向前上方贯击，肘稍屈，肘的夹角在 150 度至 160 度之间；力达拳面，拳心向下，高与眉齐；左拳不变，目视前方（图 1-3-3-19）。

上动不停，左脚向内蹬转，裆部裹挟，身体向右拧转；同时左拳外旋臂经下落至腹前，屈肘向前、向上抄击，力达拳面，拳心向内，肘的夹角在 90 度至 100 度之间；右拳沉肘下落，屈臂贴靠胸肋置于下颌前，拳眼向后，目视前方（图 1-3-3-20）。

动作要点：右贯拳要顺落步之势直接向前上方贯打，不要做引拳动作；左抄拳的整个运动路线要在体前完成，外旋臂下落不能低于腰际；两拳要连贯，相互呼应，要在一个节拍里完成动作。

图 1-3-3-19   图 1-3-3-20

8拍：身体直起，收右脚向左脚并拢；同时两拳下摆收抱于腰间成预备势（图 1-3-3-21）。

动作要点：同预备势。

二、第二个8拍

第二个8拍的动作与要点同第一个8拍，唯第8拍还原成并步直立（图 1-3-3-22）。

图 1-3-3-21   图 1-3-3-22

第四部分　功法操

第一章　功法操简介

　　功法操是采用南少林五行相生气功的功法理念和运动方法，以深吸缓呼、气沉丹田、因形调气的气息调理方法为主，它能使激烈运动所产生的呼吸急迫和心跳加速等得到缓解。为了更好地配合功法操圆活连贯、舒适缓慢的运动特点，练习时可用轻松柔美的慢的四拍韵律来引领功法操的动作，使音乐与形体动作相互交融、浑然一体。音律构筑起的高山流水、和风细雨、平湖秋月等意境，既渲染了功法操意识引导、精神集中的宁静氛围，又能拓展人们想象和思维的空间（初学者可用轻缓的口令来控制节奏）。

第二章　基本动态

　　盘腿：支撑腿屈曲半蹲；另一腿提膝外展，小腿盘架于支撑腿膝盖上方，踝关节前屈（图1-4-2-1）。

　　动作要点：盘腿要平衡稳定，支撑腿接近半蹲即可；双手圆撑，虎口相照，凝神聚气。

图1-4-2-1

第三章 功法操动作图解

预备式：并步直立（图 1-4-3-1）。

图 1-4-3-1

第一节 苍穹无垠

（1）两腿慢慢向下屈膝半蹲；同时两掌臂外旋、内屈上捧至腹前交会（指尖相碰）、掌背部分相贴屈肘上举至胸前，掌指朝上，掌刃朝后，掌心朝侧后，目视前方（图 1-4-3-2）。

动作要点：下蹲与上举要同时启动；两手指交会后再向上举成掌背相向，小指一侧贴靠在一起，距胸口 30 厘米左右；动作要缓慢，并缓缓吸气。

（2）上动不停，两腿缓缓直起；同时两掌保持相贴经面前向上伸直至头顶上方时，上体稍后仰，抬头；两臂内旋、腕翻转，两掌分开向侧上方撑顶，肘微屈，掌心斜朝上，目视前上方（图 1-4-3-3）。

动作要点：两腿缓缓立起要与手臂上伸同步合拍；两掌上伸时要保持贴靠，手眼相随；两掌在接近伸直时再旋腕分开，距离与肩同宽，要向上撑顶，五指自然撑张；身体不要过于后仰，肘不过于弯曲；目视前上方，要有豁然开朗之感；做此动作时呼气。

图1-4-3-2　　　　　　　　　图1-4-3-3

（3）上动不停，上体还原，重心稍下沉，腿微屈；同时两臂向两侧下落，略低于肩，两掌保持背屈，掌指朝上，掌心向外，目视前方（图1-4-3-4）。

动作要点：两腿稍屈即可；两臂下落时两掌要保持立掌和向外撑张的态势，不能过于紧张，也不能松懈；此时吸气。

图1-4-3-4

（4）上动不停，两腿缓缓屈膝至半蹲；同时两掌继续经两侧摆落至下腹前，外旋臂成捧抱状，掌心朝上，掌指相对，目视前方（图1-4-3-5）。

动作要点：两手成弧线下落，至接近体侧时再外旋臂向内捧抱。做此动作时呼气，要有实腹畅胸之感。

以上动作重复循环做三次。

图 1-4-3-5

第二节　胸含乾坤

（1）接上式，两腿不变，两肘内收，两掌掌心朝上，向前平伸，高至胸口，两掌相距 15 厘米左右，掌指朝前，前臂与上臂的夹角在 135 度左右，目视前方（图 1-4-3-6）。

动作要点：臂前伸时向内夹，掌指转朝前，做此动作时吸气。

（2）上动不停，两掌向后回抽至腰间，掌心朝上，掌指朝前，目视前方（图 1-4-3-7）。

动作要点：两掌是由肘部引带顺前伸的路线往回抽，一伸一抽要流畅，做此动作时呼气。

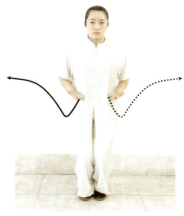

图 1-4-3-6　　　　　　　　　　图 1-4-3-7

（3）上动不停，两腿缓缓直起；两掌经下向侧后甩摆，臂伸直后稍上抬成侧后、斜下举，掌心朝前，五指自然撑张，目视前方（图1-4-3-8）。

动作要点：两腿缓缓立起要与手臂后摆的动作合拍，不要太急；两掌要经下摆伸直后再稍上举，两臂要向后伸张，成扩胸状，做此动作时吸气。

（4）上动不停，两掌以肩为轴向体前合抱，两臂与肩同宽，肘微屈，掌心相对，五指自然撑张，目视前方（图1-4-3-9）。

动作要点：两臂要保持微屈、以肩为轴向前合抱，肘关节不能过于弯曲，不耸肩，也不松懈；做此动作时呼气，形成实腹畅胸的状态。

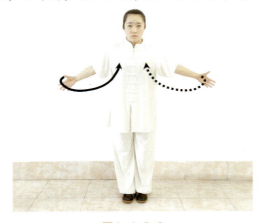

图1-4-3-8   图1-4-3-9

（5）两腿缓缓屈蹲，重心下沉；同时两臂外旋，肘微屈下沉，掌心转朝上，高至胸口，两掌相距15厘米左右，掌指朝前，前臂与上臂的夹角在135度左右，目视前方（图1-4-3-10）。

动作要点：两掌外旋臂沉肘转腕时，两肘要有意识地稍向里夹，做此动作时吸气。

（6）上动不停，重心缓慢上升；同时两掌向后回抽至腰间，掌心朝上，掌指朝前，目视前方（图1-4-3-11）。

动作要点：两掌是由肘部贴身引带向后回抽，掌心保持朝上，做此动作时呼气。

图 1-4-3-10 图 1-4-3-11

（7）上动不停，两腿缓缓直起；同时两掌经下向侧后甩摆，臂伸直后稍上抬成侧后、斜下举，掌心朝前，五指自然撑张，目视前方（图 1-4-3-12）。

动作要点：两腿缓缓立起要与手臂后摆的动作合拍，不要太急；两掌要经下摆伸直后再稍上举，两臂要向后伸张，成扩胸状，做此动作时吸气。

（8）上动不停，两掌以肩为轴向体前合抱，两臂与肩同宽，肘微屈，掌心相对，五指自然撑张，目视前方（图 1-4-3-13）。

动作要点：两臂要保持微屈、以肩为轴向前合抱，肘关节不能过于弯曲，不耸肩，也不松懈；做此动作时呼气，形成实腹畅胸的状态。

以上动作重复做 1 次。

图 1-4-3-12 图 1-4-3-13

第三节 入定参禅

（1）接上式，两腿缓缓屈蹲，重心下沉；同时两臂外旋，肘微屈下沉，掌心转朝上，高至胸口，两掌相距 15 厘米左右，掌指朝前，前臂与上臂的夹角在 135 度左右，目视前方（图 1-4-3-14）。

动作要点：两掌外旋臂沉肘转腕时，两肘要有意识地稍向里夹，做此动作时吸气。

（2）上动不停，两掌经下摆至体侧向两侧上方托举，略高于肩，掌心朝上；两腿缓缓直起，目视前方（图 1-4-3-15）。

动作要点：两掌下摆时臂逐渐伸直，至体侧时即转向向两侧上举，肘微曲、沉肩，五指自然撑张成上托状；两腿要在手掌转向向上托举时再缓缓立起；做此动作时呼气。

图 1-4-3-14   图 1-4-3-15

（3）上动不停，两掌上举至头上方成十字交叉，腕部交错，右掌在前，掌心朝下；上体稍后仰、抬头，目视上方（图 1-4-3-16）。

动作要点：两臂保持微曲上举，在头上方成两掌交错下罩，交错点在腕部，抬头，目视腕部，做此动作时吸气。

（4）上动不停，右腿屈膝半蹲，并独立支撑；左腿屈膝提起，小腿盘架于右膝上方；同时两掌交错、臂内旋经面前缓缓下落至腹前时，向下、向外圆撑，高与胯齐，肘稍屈，虎口张开、相对，掌心斜朝下；目视前方（图

1-4-3-17)。

动作要点：右腿半蹲独立支撑要站稳，左脚的外踝盘架于右膝上方，脚底朝斜上方；下落时两手要保持交错、近身，两臂是边下落边内旋的，至腹前再分手向外圆撑，腕背屈，虎口撑张；上体稍收腹含胸，神情内敛，做此动作时呼气。

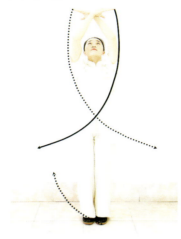
图 1-4-3-16

图 1-4-3-17

（5）左脚向左侧回落，两腿屈膝半蹲；同时两掌臂外旋、肘内夹，收经腰间向前平伸，掌心朝上，掌指朝前，高至胸口，两掌相距 15 厘米左右，前臂与上臂的夹角为 135 度左右，目视前方（图 1-4-3-18）。

动作要点：左脚回落后，仍屈膝半蹲；两掌外旋臂时画个小弧收至腰间，两肘内夹贴身，再向前伸，重心不变。

（6）上动不停，两掌经下摆至体侧，向两侧上方托举，略高于肩，掌心朝上；两腿在两臂向上托举时，缓缓直起，目视前方（图 1-4-3-19）。

动作要点：两掌下摆时臂逐渐伸直，至体侧时即转向向两侧上举，肘微曲、沉肩，五指自然撑张成上托状；两腿要在手掌转向向上托举时再缓缓立起；做此动作时呼气。

图 1-4-3-18

图 1-4-3-19

（7）上动不停，两掌上举至头上方成十字交叉，腕部交错，右掌在前，掌心朝下；上体稍后仰、抬头，目视上方（图 1-4-3-20）。

动作要点：两臂保持微曲上举，在头上方成两掌交错下罩，交错点在腕部，抬头，目视腕部，做此动作时吸气。

（8）上动不停，左腿屈膝半蹲，并独立支撑；右腿屈膝提起，小腿盘架于左膝上方；同时两掌交错，臂内旋经面前缓缓下落至腹前时，向下、向外圆撑，高与胯齐，肘稍屈，虎口张开、相对，掌心斜朝下；目视前方（图 1-4-3-21）。

动作要点：左腿半蹲独立支撑要站稳，右脚的外踝盘架于左膝上方，脚底朝斜上方；下落时两手要保持交错、近身，两臂是边下落边内旋的，至腹前再分手向外圆撑，腕背屈，虎口撑张；上体稍收腹含胸，神情内敛，做此动作时呼气。

图 1-4-3-20

图 1-4-3-21

第四节　收式

身体直起，右脚向右侧回落，成并步直立；同时，两掌臂外旋、内收垂放于大腿两侧，掌心朝内，目视前方（图 1-4-3-22）。

动作要点：立起要站稳，肩、臂放松，呼吸自然。

图 1-4-3-22

第五节　抱拳礼

抱拳礼见图 1-4-3-23。

图 1-4-3-23

整体要求：功法操宜缓慢轻柔、聚精凝神。要正确运用呼吸的提、托、聚、沉做相应的动作转换，呼吸宜深吸长呼。动作伸展时四肢百骸俱张，宜纳天地之气，故而以吸为主，提、托相辅；动作内收时松肩垂肘、含胸裹腹，故而以吐为主，聚、沉相辅，从而使精、气、神、形兼容并蓄，达到更好的健身效果。

下篇

幼儿武术系列轻器械操

《幼儿园教育指导纲要》指出："幼儿园必须把保护幼儿的生命和促进幼儿的健康摆在工作的首位。树立正确的健康观念，在重视幼儿身体健康的同时，要高度重视幼儿的心理健康。"泉州剑影幼儿园自2002年创办以来，借助剑影总校丰富而宝贵的武术教育资源，确立了幼儿武术教育的办园特色。在探索的过程中，学园立足幼儿的年龄特点和发展水平，积极开展"借助幼儿武术教学 促进幼儿健康成长""闽南武术文化融入幼儿园体育活动的实践研究"等课题研究，探讨出适合学前幼儿身心发展特点的学前幼儿武术操。

　　学前幼儿武术操是泉州剑影幼儿园的园长、教练、老师们在庄昔聪教授的带领下，经过长期的教学实践和研讨、调整和改进、总结创编出来的内容丰富、结构新颖、适合于不同年龄段幼儿的三套器械武术操。三套操遵循由易到难、由浅入深、运动量由小到大的运动规律，包含了小班串铃操、中班乾坤圈操、大班双锤操等，深受幼儿的喜爱和家长的认可。

　　泉州剑影幼儿园本着"顺应天性，理解支持，和谐共长"的教育理念，朝着"武方融合，培育全人"的目标不懈努力，期望各位专家老师、姐妹园能参与进来，共同探讨，携手促进孩子们的健康成长！

第一部分　串铃操

第一章　串铃操说明

　　串铃操是一种幼儿武术轻器械操。串铃是以武术中的双器械"钺"作为参照物，结合小班幼儿的年龄特点，加以整合成会发出悦耳响声的轻器械，非常受幼儿喜爱。在编排串铃操的过程当中，我们根据小班幼儿以具体形象思维为主、注意力集中时间短的特点，在操节中融入摇铃、摆铃、转铃、甩铃等系列动作，让器械发出悦耳的声音，调动小班幼儿参与的积极性，并配以幼儿喜欢的节奏鲜明的歌曲《铃儿响叮当》，让幼儿在节奏欢快的串铃操中愉悦身心，助其健康成长。

第二章　基本动态

第一节　静态

（1）握铃：手握在串铃的把上，虎口朝上为立握（图 2-1-2-1），掌心朝下为平握（图 2-1-2-2）。

图 2-1-2-1　　　　　　　　　　　图 2-1-2-2

（2）预备式——并步站立：两脚并步直立，两手握串铃自然垂放于大腿两侧，串铃朝下，目视前方（图 2-1-2-3）。

动作要点：两脚并拢，挺胸立腰，精神集中。

图 2-1-2-3

第二节　动态

（1）摇铃：手握串铃，手臂做内旋动作，至极限后做外旋动作还原，此为摇铃一次（图2-1-2-4、图2-1-2-5、图2-1-2-6）。

动作要点：摇铃时，手不要握得太紧，并有意识地使串铃振颤。

图 2-1-2-4

图 2-1-2-5

图 2-1-2-6

（2）向侧冲击：手握串铃，手臂内旋，由屈到伸，向侧直冲，同时摆头转向冲击的方向（图2-1-2-7、图2-1-2-8）。

动作要点：出手干脆，铃顶朝冲击的方向。

图 2-1-2-7

图 2-1-2-8（左侧冲）

第三章　串铃操动作图解

预备式：并步站立（图 2-1-3-1）。

图 2-1-3-1

第一节　举臂摇铃

一、第一个 8 拍

1 拍：左脚侧出成开立；同时双手握串铃，直臂经前向上摆起至头部侧上方，手心相对，铃顶朝上，双臂距离比肩稍宽；头后仰，目视上方（图2-1-3-2）。

动作要点：侧出和摆臂要协调一致，同时要抬头后仰，朝上看；两臂以肩为轴，直臂上摆；摆至上方垂直即可，不要太过。全身的关节都要有向上伸展的感觉，使身形显示出盎然生机。

（a）外旋　　　　　　　（b）内旋

图 2-1-3-2

2 拍：双手握铃，手腕向外、向内旋转，做一次摇铃动作（图 2-1-3-3 ）。

动作要点：摇铃时手腕外旋至极限即自然返回向内旋，眼睛可以随节奏左右顾盼，摇铃要响亮。

（a）外旋　　　　　　　（b）内旋

图 2-1-3-3

3 拍：再做一次摇铃，动作同 2 拍（图 2-1-3-4 ）。

动作要点：摇铃时手腕外旋至极限即自然返回向内旋，眼睛可以随节奏左右顾盼，摇铃要响亮。

4 拍：收左脚向右脚并拢，上体还原，头摆正；同时双手握串铃直臂经体前下摆，置于大腿两侧，目视前方成预备式（图 2-1-3-5 ）。

动作要点：收脚、上体还原和双手下落收抱于腰间要协调一致，站立要稳，余同预备式。

图 2-1-3-4

图 2-1-3-5

5 拍：右脚侧出成开立；同时双手握串铃，直臂经前向上摆起至头部侧上方，手心相对，铃顶朝上，双臂距离比肩稍宽，头后仰，目视上方（图 2-1-3-6）。

动作要点：侧出和摆臂要协调一致，同时抬头后仰，朝上看；两臂以肩为轴，直臂上摆；摆至上方即可，不要太过。全身的关节都要有向上伸展的感觉，使身形显示出盎然生机。

（a）外旋

（b）内旋

图 2-1-3-6

6 拍：双手握铃，手腕向外、向内旋转，做一次摇铃动作（图 2-1-3-7）。

动作要点：摇铃时手腕外旋至极限即自然返回向内旋，眼睛可以随节奏左右顾盼，摇铃要响亮。

（a）外旋 　　　　　　　　　　（b）内旋

图 2-1-3-7

7 拍：再做一次摇铃，动作同 6 拍（图 2-1-3-8）。

动作要点：摇铃时手腕外旋至极限即自然返回向内旋，眼睛可以随节奏左右顾盼，摇铃要响亮。

8 拍：收右脚向左脚并拢，上体还原，头摆正；同时双手握串铃经体前屈肘下落，并收抱于腰间，目视前方，成预备势（图 2-1-3-9）。

动作要点：收脚、上体还原和双手下落、收抱腰间要协调一致，站立要稳，余同预备势。

图 2-1-3-8

图 2-1-3-9

二、第二个 8 拍

第二个 8 拍的动作和要点同第一个 8 拍。

第二节　俯身后拉

一、第一个 8 拍

1 拍：左脚侧出成开立；同时双手内旋臂，立握串铃向前冲击，高、宽与肩同，铃顶朝前，目视前方（图 2-1-3-10）。

动作要点： 左脚侧出和双手向前冲击要协调一致，做到步到手到；手臂与肩同高，不能偏高或偏低。

（a）正面　　　　　　　　　　　　　（b）侧面

图 2-1-3-10

2 拍：两脚不变，双手握串铃，经下向后上方甩摆；同时上体向前下俯，目视下方（图 2-1-3-11）。

动作要点： 手先动，再向前俯身；双手贴身经体侧向下、向后甩摆，不要过于外展；上体前俯，但不过于弓背，目视两脚中线。

（a）正面　　　　　　　　　　（b）侧面

图 2-1-3-11

3 拍：上体抬起还原；同时双手立握串铃经下向前、向上至平举，高、宽与肩同，目视前方（图 2-1-3-12）。

动作要点：上体先上抬，手再跟着走；双手按原路返回成前平举，圈顶立朝前，站立要稳，身体不摇晃。

4 拍：收左脚向右脚并拢；同时双手外旋臂、平握串铃屈肘收抱于腰间，目视前方，成预备势（图 2-1-3-13）。

动作要点：收脚并步和双手收抱腰间要干脆，动作干净有力，余同预备势。

图 2-1-3-12　　　　　　　　　　图 2-1-3-13

5 拍：右脚侧出成开立；同时双手内旋臂，立握串铃向前冲击，高、宽与肩同，铃顶朝前，目视前方（图 2-1-3-14）。

动作要点：右脚侧出和双手向前冲击要协调一致，做到步到手到；手臂与肩同高，不能偏高或偏低。

（a）正面　　　　　　　　　　　（b）侧面

图 2-1-3-14

6拍：两脚不变，双手握串铃，经下向后上方甩摆；同时上体向前下俯，目视下方（图 2-1-3-15）。

动作要点： 手先动，再向前俯身；双手贴身经体侧向下、向后甩摆，不要过于外展；上体前俯，但不过于弓背，目视两脚中线。

（a）正面　　　　　　　　　　　（b）侧面

图 2-1-3-15

7拍：上体抬起还原；同时双手立握串铃经下向前、向上至平举，高、宽与肩同，目视前方（图 2-1-3-16）。

动作要点： 上体先上抬，手再跟着走；双手按原路返回成前平举，圈顶立朝前，站立要稳，身体不摇晃。

8拍：收右脚向左脚并拢；同时双手外旋臂、平握串铃屈肘收抱于腰间，目视前方，成预备势（图 2-1-3-17）。

动作要点：收脚并步和双手收抱腰间要干脆，动作干净有力，余同预备势。

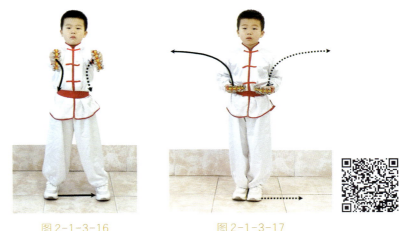

图 2-1-3-16   图 2-1-3-17

二、第二个 8 拍

第二个 8 拍的动作和要点同第一个 8 拍。

第三节　马步双冲

一、第一个 8 拍

1 拍：左脚侧出成大开立；同时双手内旋臂、立握串铃向两侧冲击，手臂与肩同高，铃顶朝两侧，手心朝前（图 2-1-3-18）。

动作要点：左脚侧出要稍宽于肩，开立与冲击要同时完成，做到步到手到；圈要握紧，圈顶朝两侧，铃要振响，两臂不能低垂。

2 拍：两脚不变；两手握串铃臂外旋、屈肘收回至腰间；目视前方（图 2-1-3-19）。

动作要点：脚不动，两手屈肘收抱腰间，要快速有力，挺胸立腰，肘要夹紧，铃顶平朝前。

图 2-1-3-18　　　　　　　　　　图 2-1-3-19

3 拍：两腿屈膝下蹲成马步；同时双手内旋臂、立握串铃向前冲出，并发声："哈"；双手高、宽与肩同，铃顶朝前，目视前方（图 2-1-3-20）。

动作要点：双圈冲击要快速、有力，不耸肩；马步下蹲大腿要接近水平；发声要干脆有力。

4 拍：身体立起，收左脚向右脚并拢；双手外旋臂平握串铃、屈肘收抱于腰间，目视前方，成预备势（图 2-1-3-21）。

动作要点：起身要快，腿要并紧，身体不摇晃；余同预备势。

图 2-1-3-20　　　　　　　　　　图 2-1-3-21

5 拍：右脚侧出成大开立；同时双手内旋臂、立握串铃向两侧冲击，手臂与肩同高，铃顶朝两侧，手心朝前（图 2-1-3-22）。

动作要点：右脚侧出要稍宽于肩，开立与冲击要同时完成，做到步到手到；圈要握紧，圈顶朝两侧，铃要振响，两臂不能低垂。

6拍：两脚不变；两手握串铃臂外旋、屈肘收回至腰间；目视前方（图2-1-3-23）

动作要点：脚不动，两手屈肘收抱腰间，要快速有力，挺胸立腰，肘要夹紧，铃顶平朝前。

图2-1-3-22   图2-1-3-23

7拍：两腿屈膝下蹲成马步；同时双手内旋臂、立握串铃向前冲出，并发声："哈"；双手高、宽与肩同，铃顶朝前，目视前方（图2-1-3-24）。

动作要点：双圈冲击要快速、有力，不耸肩；马步下蹲大腿要接近水平；发声要干脆有力。

8拍：身体立起，收右脚向左脚并拢；双手外旋臂平握串铃、屈肘收抱于腰间，目视前方，成预备势（图2-1-3-25）。

动作要点：起身要快，腿要并紧，身体不摇晃；余同预备势。

图2-1-3-24   图2-1-3-25

二、第二个 8 拍

第二个 8 拍的动作和要点同第一个 8 拍。

第四节　连续冲击

一、第一个 8 拍

1 拍：左脚向左侧上一大步，脚尖斜朝前；同时身体稍左转，左手臂内旋、立握串铃顺步向左前方冲击，手臂高与肩同，铃顶朝前，目视左前方（图 2-1-3-26）。

动作要点：左脚侧上步与左手冲击要同时完成，做到步到手到，摆头干脆，手眼相随。

图 2-1-3-26

2 拍：身体向左拧转，重心前移，左腿稍屈曲，右腿蹬直；同时左手外旋臂、平握串铃屈肘回收至腰间；右手臂内旋、立握串铃向前冲击，手臂高与肩平，铃顶朝前（图 2-1-3-27）。

上动不停，身体随即向右拧转，左腿蹬直；重心稍右移，右脚脚跟回碾；同时右手外旋臂、平握串铃屈肘收回至腰间；左手内旋臂、立握串铃向左前方冲击，手臂高与肩平，铃顶朝前，目视前方（图 2-1-3-28）。

动作要点：在一拍里要完成两次冲拳，两脚的辗转、蹬撑要配合身体拧转，使左、右连续冲击，能够协调连贯，力达铃顶。

图 2-1-3-27　　　　　　　　　　　　图 2-1-3-28

3 拍：动作与要点同第 2 拍。

4 拍：收左脚向右脚并拢，上体回正；同时左手外旋臂屈肘收回至腰间，摆头向前，成预备势（图 2-1-3-29）。

动作要点：收手、收脚和身体回正、摆头向前要协调一致，同时完成；余同预备势。

5 拍：右脚向右侧上一大步，脚尖斜朝前；同时身体稍右转，右手臂内旋、立握串铃顺步向右前方冲击，手臂高与肩同，铃顶朝前，目视右前方（图 2-1-3-30）。

动作要点：右脚侧上步与右手冲击要同时完成，做到步到手到，摆头干脆，手眼相随。

图 2-1-3-29　　　　　　　　　　　　图 2-1-3-30

6 拍：身体向右拧转，重心前移，右腿稍屈曲，左腿蹬直；同时右手外旋臂、平握串铃收回至腰间；左手臂内旋、立握串铃向前冲击，手臂高与肩平，铃顶朝前（图2-1-3-31）。

上动不停，身体随即向左拧转，右腿蹬直；重心稍左移，左脚脚跟回辗；同时左手外旋臂、平握串铃屈肘收回至腰间；右手内旋臂、立握串铃向右前方冲击，手臂高与肩平，铃顶朝前，目视前方（图2-1-3-32）。

动作要点：在一拍里要完成两次冲拳，两脚的辗转、蹬撑要配合身体拧转，使左右连续冲击，能够协调连贯，力达铃顶。

图2-1-3-31　　　　　　　　　　　　图2-1-3-32

7拍：动作和要点同第6拍。

8拍：收右脚向左脚并拢，上体回正；同时右手外旋臂屈肘收回至腰间，摆头向前，成预备势（图2-1-3-33）。

动作要点：收手、收脚和身体回正、摆头向前，要协调一致，同时完成；余同预备势。

图2-1-3-33

二、第二个 8 拍

第二个 8 拍的动作和要点同第一个 8 拍。

第五节 弹跳定马

一、第一个 8 拍

1 拍：双手握串铃抱于腰间，双腿稍屈曲下蹲后，双脚蹬地，使身体垂直向上蹦起；下落着地时，双腿屈膝缓冲（图 2-1-3-34 至图 2-1-3-36）。

动作要点：双腿稍屈曲下蹲后即用力向上蹬起，要配合吸气，颈项梗直，脚掌前绷；下落时前脚掌先着地，继而屈膝缓冲。

图 2-1-3-34   图 2-1-3-35   图 2-1-3-36

2 拍：上动不停，双腿稍屈蹲缓冲后，即又蹬地蹦起；下落着地时，双腿屈膝缓冲（图 2-1-3-37、图 2-1-3-38）。

动作要点：双腿落地稍屈曲下蹲缓冲后即用力向上蹬起；要配合吸气，颈项梗直，脚掌前绷；下落时前脚掌先着地，继而屈膝缓冲。

图 2-1-3-37   图 2-1-3-38

3拍：上动不停，两腿稍屈曲缓冲后，两脚蹬地蹦起，向两侧分开，落地时两腿屈蹲成马步；同时双手内旋臂、立握串铃向前冲出，高、宽与肩同，铃顶朝前，并发声"哈"，目视前方（图2-1-3-39）。

动作要点：要在缓冲后随即蹬地蹦起，跳起后直接向两侧分腿；同时双手向前冲出，做到步成手到，马步略宽于肩，动作要协调连贯，马步要站稳；发声呼"哈"要干净洪亮。

4拍：身体直起，两脚蹬地内收并拢，落地时成并步；双手外旋臂、握串铃屈肘收抱于腰间，成预备姿势（图2-1-3-40）。

动作要点：两脚蹬地并拢、身体直起和双手回收要协调一致，站立要稳。

图2-1-3-39　　　　　　　图2-1-3-40

5拍：上动不停，双手握串铃抱于腰间，双腿稍屈曲下蹲，即双脚蹬地，使身体垂直向上蹦起；下落着地时，双腿屈膝缓冲（图2-1-3-41、图2-1-3-42、图2-1-3-43）。

动作要点：双腿稍屈曲下蹲后即用力向上蹬起，要配合吸气，颈项梗直，脚掌前绷；下落时前脚掌先着地，继而屈膝缓冲。

图2-1-3-41　　　　　　图2-1-3-42　　　　　　图2-1-3-43

6拍：上动不停，双腿稍屈蹲缓冲后，即又蹬地蹦起；下落着地时，双腿屈膝缓冲（图2-1-3-44、图2-1-3-45）。

图2-1-3-44　　　　　　　　　　图2-1-3-45

7拍：上动不停，两腿稍屈曲缓冲后，两脚蹬地蹦起，向两侧分开，落地时两腿屈蹲成马步；同时双手内旋臂、立握串铃向前冲出，高、宽与肩同，铃顶朝前，并发声"哈"，目视前方（图2-1-3-46）。

动作要点：要在缓冲后随即蹬地蹦起，跳起后直接向两侧分腿；同时双手向前冲出，做到步成手到，马步略宽于肩，动作要协调连贯，马步要站稳；发声呼"哈"要干净洪亮。

8拍：两脚蹬地内收并拢，身体直起；双手外旋臂、握串铃屈肘收抱于腰间，成预备姿势（图2-1-3-47）。

动作要点：两脚蹬地并拢、身体直起和双手回收要协调一致，站立要稳。

图2-1-3-46　　　　　　　　　　图2-1-3-47

第二个8拍的动作和要点同第一个8拍。

第六节　大字摇铃

一、第一个8拍

1拍：左脚侧出一大步；双手握铃屈肘上摆，在胸前成交叉，左手在前；上动不停，两手向下回摆，在体前成直臂后，向两侧摆起成侧平举，拳心朝前，铃顶向两侧，目视前方（图2-1-3-48）

动作要点：两手交叉上摆是预摆，要先动；要待两手开始下摆时再左脚侧上步；侧出要宽于肩。

图2-1-3-48

2拍：两脚不动，双手握铃，向前（内）、向后（外）旋臂，做一次摇铃动作（图2-1-3-49，图2-1-3-50）

动作要点：摇铃时身体要放松，只有腕部做翻转动作；不能耸肩、屈臂；要使串铃响亮，神情要愉悦。

图 2-1-3-49　　　　　　　　　　　　图 2-1-3-50

3 拍：再做一次摇铃动作（图 2-1-3-51，图 2-1-3-52）

动作要点：同第 2 拍动作。

图 2-1-3-51　　　　　　　　　　　　图 2-1-3-52

4 拍：收左脚向右脚并拢，双手外旋臂、平握串铃屈肘收至腰间，成预备势（图 2-1-3-53）

动作要点：双手回收要外旋臂使串铃成平握，收手、收脚要同时完成，动作要干净利落；余同预备势。

图 2-1-3-53

5 拍：右脚侧出一大步；双手握铃屈肘上摆，在胸前成交叉，右手在前；上动不停，两手向下回摆，在体前成直臂后、向两侧摆起成侧平举，拳心朝前，铃顶向两侧，目视前方（图 2-1-3-54）

动作要点：两手交叉上摆是预摆，要先动；要待两手开始下摆时再右脚侧上步；侧出要宽于肩。

图 2-1-3-54

6 拍：两脚不动，两手握铃，向前（内）、向后（外）旋臂，做一次摇铃动作（图 2-1-3-55，图 2-1-3-56）

动作要点：摇铃时身体要放松，只有腕部做翻转动作，不能耸肩、屈臂；要使串铃响亮，神情要愉悦。

图 2-1-3-55   图 2-1-3-56

7 拍：再做一次摇铃动作（图 2-1-3-57，图 2-1-3-58）。

动作要点：同第 6 拍动作。

图 2-1-3-57   图 2-1-3-58

8 拍：收右脚向左脚并拢，双手外旋臂、平握串铃屈肘收至腰间，成预备势（图 2-1-3-59）

动作要点：双手回收要外旋臂使串铃成平握；收手、收脚要同时完成，动作要利落；余同预备势。

图 2-1-3-59

二、第二个 8 拍

第二个 8 拍的动作和要点同第一个 8 拍。

第二部分　乾坤圈操

第一章　乾坤圈操说明

乾坤圈操是一种幼儿武术轻器械操。哪吒是中国家喻户晓、小朋友非常喜欢的神话角色。在观赏了动画片《哪吒传奇》后，小朋友对哪吒的法器"乾坤圈"非常感兴趣。我们抓住孩子的兴趣点，和孩子一起用废旧的水管和绸带制作了乾坤圈并运用到武术操中。在创编时，融入了乾坤圈的基本技法，如冲、摆、勾、抄等动作，并配以节奏鲜明、极富震撼力的音乐《中华小子》。幼儿坚持操练乾坤圈操不仅能起到强身健体的作用，更能培养幼儿从小不怕苦、不怕累、勤奋好学、积极向上的意志品质。

第二章　基本动态

（1）握圈：手握圈在彩带的上方，虎口朝上为立握（图 2-2-2-1）；掌心朝下为平握（图 2-2-2-2）。

动作要点：手要握在接近彩带的上方，圈顶与前臂保持在一直线上。

图 2-2-2-1　　　　　　　　　　图 2-2-2-2

（2）预备势：两脚并立，两手握圈，屈肘收抱于腰间，手心向上，圈顶平朝前，目视前方（图 2-2-2-3）。

动作要点：两脚并紧，挺胸立腰。肘要夹紧，不能外张；圈顶水平朝前，不能低垂。

图 2-2-2-3

（3）右上冲：右手握圈内旋臂向上直冲，手臂伸直，拳心朝内，圈顶立朝上；同时向左侧摆头，目视左前方（图 2-2-2-4、图 2-2-2-5）。

动作要点：右手要内旋臂转腕、屈肘上摆至肩前，使圈顶朝上，再沿右耳侧向上直冲；摆头要干脆，要显示出挺拔气势。左上冲的动作和要领与右上冲相同。

图 2-2-2-4　　　　　　　　　　　　图 2-2-2-5

（4）左右抡劈：双手握圈经胸前交叉、上举至头顶、臂内旋向两侧劈击成平举，圈顶立朝两侧，目视左前方（图 2-2-2-6、图 2-2-2-7）。

动作要点：双手握圈要先屈臂斜上摆在胸前交叉，经上举至头顶时，再内旋转腕、直臂向两侧下劈。

图 2-2-2-6　　　　　　　　　　　　图 2-2-2-7

第三章 乾坤圈操动作图解

预备势：并步握圈（图 2-2-3-1）。

图 2-2-3-1

第一节 气吞山河

一、第一个 8 拍

1 拍：左脚侧出成开立；同时双手握圈，内旋臂向左、右斜下方冲击（左手向右下方，右手向左下方），并于腹前交叉，左手在前，圈顶朝斜下方；头下俯，目视两圈（图 2-2-3-2）。

动作要点：手要握在乾坤圈彩带上方的位置；向下交叉冲击时要内旋臂使手心朝里，成立握圈；低头注视双圈时，身体不要前俯弓背。

2 拍：步型不变；双手握圈臂外旋屈肘上提，收抱于腰间，手心向上，圈顶平朝前；同时抬头，目视前方（图 2-2-3-3）。

动作要点：双手臂外旋屈肘上提，要与抬头动作协调一致，同时完成；动作做到干净利落，气势饱满。

图 2-2-3-2   图 2-2-3-3

3拍：步型不变；双手内旋臂、立握圈向前冲出，手臂高与肩平，圈顶向前；同时发声呼"哈"，目视前方（图2-2-3-4）。

动作要点：手立握圈向前冲击时，前臂只内旋90度，使手心相对；发声呼"哈"时，声音要洪亮，要有气吞山河之势。

（a）正面   （b）侧面

图 2-2-3-4

4拍：收左脚向右脚并拢；同时双手外旋臂平握圈，屈肘收抱于腰间，成预备势（图2-2-3-5）。

动作要点：收手、收脚要同时完成，动作干脆有力；余同预备势。

5拍：右脚侧出成开立；同时双手握圈，内旋臂向左、右斜下方冲击（左手向右下方，右手向左下方），并于腹前交叉，右手在前，圈顶朝斜下方；头下俯，目视两圈（图2-2-3-6）。

　　动作要点：手要握在乾坤圈彩带上方的位置；向下交叉冲击时要内旋臂使手心朝里，成立握圈；低头注视双圈时，身体不要前俯弓背。

图2-2-3-5　　　　　　　　　　　　图2-2-3-6

　　6拍：步型不变；双手握圈臂外旋屈肘上提，收抱于腰间，手心向上，圈顶平朝前；同时抬头，目视前方（图2-2-3-7）。

　　动作要点：双手臂外旋屈肘上提，要与抬头动作协调一致，同时完成；动作做到干净利落，气势饱满。

图2-2-3-7

　　7拍：步型不变；双手内旋臂、立握圈向前冲出，手臂高与肩平，圈顶向前；同时发声呼"哈"，目视前方（图2-2-3-8）。

　　动作要点：手立握圈向前冲击时，前臂只内旋90度，使手心相对；发声呼"哈"时，声音要洪亮，要有气吞山河之势。

（a）正面 （b）侧面

图 2-2-3-8

8 拍：收右脚向左脚并拢；同时双手外旋臂平握圈、屈肘收抱于腰间，成预备势（图 2-2-3-9）。

动作要点：收手、收脚要同时完成，动作干脆有力，余同预备势。

图 2-2-3-9

二、第二个 8 拍

第二个 8 拍的动作和要点同第一个 8 拍。

第二节　披星戴月

1 拍：左脚侧出成开立；同时两手握圈内旋臂上推至头侧上方，两臂伸直，并翻腕使手心朝侧上方，两圈顶相对；头上仰，目视上方（图 2-2-3-10）。

动作要点：双手握圈上推要内旋臂，并在快伸直时翻腕上推，手心向上，使两圈顶形成相向；同时抬头上仰。

2 拍：步型不变；双手握圈向两侧直臂下落至下腹前、外旋臂屈肘向胸前合抱成十字交叉，手心向内，左手在前，圈顶斜朝上，目视前方（图 2-2-3-11）。

动作要点：两臂要经侧直臂下落至腹前再屈肘上摆，在胸前成交叉合抱，双手在运行过程中要贴身，两圈顶高不过下颌。

图 2-2-3-10　　　　　　　　　图 2-2-3-11

3 拍：步型不变；双手握圈臂内旋向左右两侧横向劈出，手心朝下成平握圈，圈顶朝两侧；右手略高于肩，左臂高与肩平；同时向左摆头，目视左手方向（图 2-2-3-12）。

动作要点：双手要旋臂、翻腕再向两侧劈出；摆头要干脆，不能屈臂、耸肩。

4 拍：收左脚向右脚并拢；同时双手外旋臂、屈肘下摆，平握圈收抱于腰间，并摆头向前，成预备势（图 2-2-3-13）。

动作要点：收手、收脚和摆头回正，要协调连贯，站立要稳；余同预备势。

图 2-2-3-12

图 2-2-3-13

5 拍：右脚侧出成开立；同时两手握圈内旋臂上推至头侧上方，两臂伸直，并翻腕使手心朝侧上方，两圈顶相对；头上仰，目视上方（图 2-2-3-14）。

动作要点：双手握圈上推要内旋臂，并在快伸直时翻腕上推，手心向上，使两圈顶形成相向；同时抬头上仰。

6 拍：步型不变；双手握圈向两侧直臂下落至下腹前、外旋臂屈肘向胸前合抱成十字交叉，手心向内，右手在前，圈顶斜朝上，目视前方（图 2-2-3-15）。

动作要点：两臂要经侧直臂下落至腹前再屈肘上摆，在胸前成交叉合抱，双手在运行过程中要贴身，两圈顶高不过下颌。

图 2-2-3-14

图 2-2-3-15

7拍：步型不变；双手握圈臂内旋向左右两侧横向劈出，手心朝下成平握圈，圈顶朝两侧，左手略高于肩，右臂高与肩平；同时向右摆头，目视右手方向（图2-2-3-16）。

动作要点：双手要旋臂、翻腕再向两侧劈出；摆头要干脆，不能屈臂、耸肩。

8拍：收右脚向左脚并拢；同时双手外旋臂、屈肘下摆，平握圈收抱于腰间，并摆头向前，成预备势（图2-2-3-17）。

动作要点：收手、收脚和摆头回正，要协调连贯，站立要稳，余同预备势。

图2-2-3-16

图2-2-3-17

二、第二个8拍

第二个8拍的动作和要点同第一个8拍。

第三节　南辕北辙

一、第一个8拍

1拍：左脚侧出成开立；同时右手内旋臂握圈向上撑架，手臂稍屈，手心斜朝上，圈顶平朝左；左手不变，抬头仰视（图2-2-3-18）。

动作要点：右手旋臂上举撑架，要在接近顶点时有加速翻腕的动作变化，抬头仰视眼睛要睁大，要有威武气势。

2 拍：步型不变；右手不动；左手内旋臂立握圈向左前方冲出，高与肩平，圈顶立向左；同时向左摆头，目视左圈方向（图 2-2-3-19）。

动作要点：右手上架不变，左手冲出要快速有力；向左摆头要干脆，做到手眼相随。

图 2-2-3-18　　　　　　　　　　图 2-2-3-19

3 拍：步型不变；左手握圈内旋臂向上摆，撑架于头顶左侧上方，手臂稍屈，圈顶平向右；右手立握圈向右侧下劈，高与肩平，圈顶立向右；同时向右摆头，目视右圈方向（图 2-2-3-20）。

动作要点：左手上举撑架在接近顶点时要有加速翻腕的节奏变化，使圈顶摆向右；右手下劈要握成立圈，做到劲力顺达；摆头转向达 180 度，手眼要配合协调，做到手到眼到。

4 拍：收左脚向右脚并拢；同时左手臂外旋屈肘下落；右手屈肘回收，两手握圈收抱于腰间，圈顶平朝前，成预备势（图 2-2-3-21）。

动作要点：左手要外旋臂直线下落至腰间；收脚与摆头向前要同时完成。

图 2-2-3-20   图 2-2-3-21

5 拍：右脚侧出成开立；同时左手内旋臂握圈向上撑架，手臂稍屈，手心斜朝上，圈顶平朝右；右手不变，抬头仰视（图 2-2-3-22）。

动作要点：左手旋臂上举撑架，要在接近顶点时有加速翻腕的动作变化，抬头仰视眼睛要睁大，要有威武气势。

6 拍：步型不变；左手不动；右手内旋臂立握圈向右前方冲出，高与肩平，圈顶立向右；同时向右摆头，目视右圈方向（图 2-2-3-23）。

动作要点：左手不变；右手冲出要快速有力；向右摆头要干脆，做到手眼相随。

图 2-2-3-22   图 2-2-3-23

7拍：步型不变；右手握圈内旋臂向上摆，撑架于头顶右侧上方，手臂稍屈，圈顶平向左；左手立握圈向左侧下劈，高与肩平，圈顶立向左；同时向左摆头，目视左圈方向（图2-2-3-24）。

动作要点：右手上举撑架在接近顶点时要有加速翻腕的节奏变化，使圈顶摆向左；左手下劈要成立握圈，做到劲力顺达；摆头转向达180度，手眼要配合协调，做到手到眼到。

8拍：收右脚向左脚并拢；同时右手臂外旋屈肘下落；左手屈肘回收，两手握圈收抱于腰间，圈顶平朝前，成预备势（图2-2-3-25）。

动作要点：右手要外旋臂直线下落至腰间；收脚与摆头向前要同时完成。

图2-2-3-24　　　　　　　　　　图2-2-3-25

二、第二个8拍

第二个8拍的动作和要点同第一个8拍。

第四节　脚踢四方

一、第一个8拍

1拍：双手内旋臂立握圈向两侧冲出，臂高与肩平，拳心朝前，圈顶立朝两侧，力达圈顶；同时左脚后撤一步，脚跟提起，前脚掌着地，成后点步，目视前方（图2-2-3-26）。

动作要点：两手握圈向两侧冲出时要内旋臂、转腕，使两拳心朝前，做到劲力顺达；左脚后撤30厘米左右，以前脚掌着地，做到虚实分明。

（a）正面　　　　　　　　　　　　　（b）侧面

图 2-2-3-26

2 拍：左脚向前上方正踢腿，高度过腰，目视前方（图 2-2-3-27）。

动作要点：向上正踢腿时，身体不能前俯；支撑腿膝盖不弯曲、脚跟不离地；摆动腿膝盖不弯曲、脚尖要勾紧。

（a）正面　　　　　　　　　　　　　（b）侧面

图 2-2-3-27

3 拍：上体不动，左脚向起摆处回摆，脚跟提起，前脚掌撑地，成后点步，目视前方（图 2-2-3-28）

动作要点：上体保持直立，左腿沿上踢的路线回摆，膝盖要伸直。

4 拍：收左脚向右脚并拢；同时双手握圈外旋臂、屈肘收至腰间，圈顶平朝前，成预备势（2-2-3-29）

动作要点：并步要站稳，收手要干脆。

图 2-2-3-28　　　　　　　　　　图 2-2-3-29

5 拍：双手内旋臂立握圈向两侧冲出，臂高与肩平，拳心朝前，圈顶立朝两侧，力达圈顶；同时右脚后撤一步，脚跟提起，前脚掌着地，成后点步，目视前方（图 2-2-3-30）。

动作要点：两手握圈向两侧冲出时要内旋臂、转腕，使两拳心朝前，做到劲力顺达；右脚后撤 30 厘米左右，以前脚掌着地，做到虚实分明。

（a）正面　　　　　　　　　　（b）侧面

图 2-2-3-30

6 拍：上体不动；右脚向前上方正踢腿，高度过腰，目视前方（图 2-2-3-31）

动作要点：向上正踢腿时，身体不能前俯；支撑腿膝盖不弯曲、脚跟不离地；摆动腿膝盖不弯曲、脚尖要勾紧。

（a）正面　　　　　　　　　　　　（b）侧面

图 2-2-3-31

7拍：上体不动，右脚向起摆处回摆，脚跟提起，前脚掌撑地，成后点步，目视前方（图 2-2-3-32）

动作要点：上体保持直立，右腿沿上踢的路线回摆，膝盖要伸直。

8拍：收右脚向左脚并拢；同时双手握圈外旋臂、屈肘收至腰间，圈顶平朝前，成预备势（图 2-2-3-33）

动作要点：并步要站稳，收手要干脆。

图 2-2-3-32　　　　　　　　　图 2-2-3-33

二、第二个8拍

第二个8拍的动作和要点同第一个8拍。

第五节　东成西就

一、第一个8拍

1拍：左脚侧出，两腿屈蹲成马步；同时双手握圈向两侧抡劈成平举，圈顶立朝两侧；并向左摆头，发声"哈"，目视左手方向（图2-2-3-34）。

动作要点：双手要先启动，上举至头顶时内旋转腕，再在左脚侧出的同时下劈；马步下蹲大腿要接近水平，头同时向左摆，做到步到手到；发声呼"哈"时，声音要洪亮。

2拍：身体向左拧转，两脚随体辗转，左脚掌稍向左撇，右脚蹬直成左弓步；同时左手握圈屈肘收至腰间，圈顶平朝前；右手握圈屈肘收经腰间、向前立圈冲出，拳顶立朝前，并发声"哈"，目视前方（图2-2-3-35）。

动作要点：身体拧转、右脚蹬撑和右手前冲，要协调一致，重心不要起伏；右手要收经腰间，再配合右脚的蹬撑向前冲出，力达右圈顶；发声呼"哈"时，声音要洪亮。

图 2-2-3-34　　　　　　　　　　图 2-2-3-35

3拍：身体向右拧转，重心后移；两脚掌随体辗转，左脚掌内扣朝前，右腿屈蹲成马步；同时右手握圈外旋臂屈肘收至腰间，圈顶平朝前；左手内旋臂立圈向左冲出，拳心朝前，并发声"哈"，目视左手方向（图2-2-3-36）。

动作要点：身体拧转成马步，重心不要起伏；右手要直线回收，左手要随体转顺势冲出，力达圈顶；发声呼"哈"时，声音要洪亮。

4拍：身体立起，收左脚向右脚并拢；同时左手握圈外旋臂屈肘收至腰间，圈顶平朝前；并摆头向前，成预备势（图2-2-3-37）。

动作要点：起身、收脚、收手动作要干脆，目光专注；余同预备势。

图 2-2-3-36   图 2-2-3-37

5 拍：右脚侧出，两腿屈蹲成马步；同时双手握圈向两侧抢劈成平举，圈顶立朝两侧；并向右摆头，发声"哈"，目视右手方向。（图 2-2-3-38）

动作要点：双手要先启动，上举至头顶时内旋转腕，再在右脚侧出的同时下劈；马步下蹲大腿要接近水平；头同时向右摆，做到步到手到；发声呼"哈"时，声音要洪亮。

6 拍：身体向右拧转，两脚随体辗转，右脚掌稍向右撇，左脚蹬直成右弓步；同时右手握圈屈肘收至腰间，圈顶平朝前；左手握圈屈肘收经腰间、向前立圈冲出，拳顶立朝前，并发声"哈"，目视前方（图 2-2-3-39）。

动作要点：身体拧转、左脚蹬撑和左手前冲，要协调一致，重心不要起伏；左手要收经腰间，再配合左脚的蹬撑向前冲出，力达左圈顶；发声呼"哈"时，声音要洪亮。

图 2-2-3-38   图 2-2-3-39

7 拍：身体向左拧转，重心后移；两脚掌随体辗转，右脚掌内扣朝前，左腿屈蹲成马步；同时左手握圈外旋臂屈肘收至腰间，圈顶平朝前；右手内旋臂立圈向右冲出，拳心朝前，并发声"哈"，目视右手方向（图 2-2-3-40）。

动作要点：身体拧转成马步，重心不要起伏；右手要直线回收，左手要随体转顺势冲出，力达圈顶；发声呼"哈"时，声音要洪亮。

8 拍：身体立起，收右脚向左脚并拢；同时右手握圈外旋臂屈肘收至腰间，圈顶平朝前；并摆头向前，成预备势（图 2-2-3-41）。

动作要点：起身、收脚、收手动作要干脆，目光专注，余同预备势。

图 2-2-3-40   图 2-2-3-41

二、第二个 8 拍

第二个 8 拍的动作和要点同第一个 8 拍。

第六节　一柱擎天

一、第一个 8 拍

1 拍：左脚侧出成开立；同时右手握圈向上直冲，并向左摆头，目视左前方（图 2-2-3-42）。

动作要点：同右上冲，摆头要干脆，要显示出挺拔气势。

2 拍：身体向右拧转，右手握圈外旋臂、屈肘贴身下落，收置于腰间，圈顶平朝前；同时左手握圈向上直冲，圈顶立朝上；并向右摆头，目视右前方（图 2-2-3-43）。

动作要点：左手上冲要点同前；身体右转、摆头，要与右手下落、左手上冲协调配合，一气呵成；右手下落要贴身直落，不要经前摆；摆头要干脆，要显示出挺拔气势。

图 2-2-3-42　　　　　　　　　　　图 2-2-3-43

3拍：重心右移，右腿独立支撑；左腿经提膝向右脚内侧处下跺震脚，成并步半蹲；同时左手握圈外旋臂、屈肘向胸前沉肘下砸，手高及下巴，拳心向里，圈顶立朝上，圈距脸20厘米左右；双目从圈中前视（图 2-2-3-44）。

动作要点：右腿独立支撑要站稳，震脚与沉肘要同时完成，震声响亮；两脚要并紧，两腿处于半蹲；屈肘不要过紧，肘尖与胸口有20 cm左右的距离。

（a）正面　　　　　　　　　　（b）侧面

图 2-2-3-44

4拍：两腿挺直，身体直起；同时左手握圈屈肘收至腰间，圈顶平朝前，成预备势（图 2-2-3-45）。

动作要点：身体立起要稳当；左手下摆要干脆，余同预备势。

5拍：右脚侧出成开立；同时左手握圈向上直冲，圈顶立朝上；并向右摆头，目视右前方（图 2-2-3-46）。

动作要点：同左上冲；摆头要干脆，要显示出挺拔气势。

图 2-2-3-45　　　　　　　　　图 2-2-3-46

6拍：身体向左拧转，左手握圈外旋臂、屈肘贴身下落，收置于腰间，圈顶平朝前；同时右手握圈向上直冲，圈顶立朝上；并向左摆头，目视左前方（图 2-2-3-47）。

动作要点：右上冲要点同前；身体左转、摆头，要与左手下落、右手上冲协调配合，一气呵成；左手下落要贴身直落，不要经前摆；摆头要干脆，要显示出挺拔气势。

图 2-2-3-47

7拍：重心左移，左腿独立支撑；右腿经提膝向左脚内侧处下跺震脚，成并步半蹲；同时右手握圈外旋臂、屈肘向胸前沉肘下砸，手高及下巴，拳心向里，圈顶立朝上，圈距脸20厘米左右；双目从圈中前视（图 2-2-3-48）。

动作要点：左腿独立支撑要站稳，震脚与沉肘要同时完成，震声响亮；

两脚要并紧，两腿处于半蹲；屈肘不要过紧，肘尖与胸口有 20 厘米左右的距离。

（a）正面　　　　　　　　　（b）侧面

图 2-2-3-48

8 拍：两腿挺直，身体直起；同时左手握圈屈肘收至腰间，圈顶平朝前，成预备势（图 2-2-3-49）。

动作要点：身体立起要稳当；左手下摆要干脆；余同预备势。

图 2-2-3-49

二、第二个 8 拍

第二个 8 拍的动作和要点同第一个 8 拍。

第七节　扇蚌开合

一、第一个 8 拍

1 拍：两脚蹬地跳起，并向两侧分开，落地成开立；同时两臂内旋、立握圈屈肘向肩前上挂，两圈置于耳侧，肘朝前下方，圈顶朝后上方；目视前方（图 2-2-3-50）。

动作要点：两腿稍屈曲下蹲后蹬地跳起；两脚分开落地时腿稍屈曲缓冲，宽与肩同；两手上挂要贴身，肘要夹紧。

2 拍：上动不停，两脚蹬地跳起、向内合并，落地成并步；同时双手握圈臂外旋向胸前交叉合抱，拳心向内，左手在前，圈顶斜朝上，目视前方（图 2-2-3-51）。

动作要点：两脚稍屈曲缓冲后即蹬地跳起，并向内并腿，落地时腿稍屈曲缓冲；两手握圈外旋臂经脸前向异侧交叉合抱，置于两肩前，圈不能遮住脸部，要有关门阻挡的意识。

图 2-2-3-50　　　　　　　　图 2-2-3-51

3 拍：上动不停，两脚蹬地跳起，并向两侧分开，落地成开立；同时两臂保持屈肘、手握圈内旋臂向左右两侧摆格，两手宽于肩，高与肩同；拳心朝前，圈顶朝上；目视前方（图 2-2-3-52）。

动作要点：身体保持挺直；两脚稍屈曲缓冲后即蹬地跳起，分开落地时腿要稍屈曲缓冲；两手握圈向两侧横格，有如打开的两扇门，同时要有扩胸的意识。

4拍：上动不停，两脚蹬地跳起、向内合并，落地成并步；同时双手握圈臂外旋向胸前交叉合抱，拳心向内，右手在前，圈顶斜朝上，目视前方（图2-2-3-53）。

动作要点：两脚稍屈曲缓冲后即蹬地跳起，并向内并腿，落地时腿稍屈曲缓冲；两手握圈外旋臂经脸前向异侧交叉合抱，置于两肩前，圈不能遮住脸部，要有关门阻挡的意识。

图2-2-3-52　　　　　　　　　　图2-2-3-53

5拍：上动不停，两脚蹬地跳起，并向两侧分开，落地成开立；同时两臂保持屈肘、手握圈内旋臂向左右两侧摆格，两手宽于肩，高与肩同；拳心朝前，圈顶朝上；目视前方（图2-2-3-54）。

动作要点：身体保持挺直；两脚稍屈曲缓冲后即蹬地跳起，分开落地时腿要稍屈曲缓冲；两手握圈向两侧横格，有如打开的两扇门，同时要有扩胸的意识。

6拍：上动不停，两脚蹬地跳起、向内合并，落地成并步；同时双手握圈臂外旋向胸前交叉合抱，拳心向内，右手在前，圈顶斜朝上，目视前方（图2-2-3-55）。

动作要点：两脚稍屈曲缓冲后即蹬地跳起，并向内并腿，落地时腿稍屈曲缓冲；两手握圈外旋臂经脸前向异侧交叉合抱，置于两肩前，圈不能遮住脸部，要有关门阻挡的意识。

图 2-2-3-54　　　　　　　　图 2-2-3-55

7 拍：上动不停，两脚蹬地跳起，并向两侧分开，落地成开立；同时两臂保持屈肘、手握圈内旋臂向左右两侧摆格，两手宽于肩，高与肩同；拳心朝前，圈顶朝上；目视前方（图 2-2-3-56）。

动作要点：身体保持挺直；两脚稍屈曲缓冲后即蹬地跳起，分开落地时腿要稍屈曲缓冲；两手握圈向两侧横格，有如打开的两扇门，同时要有扩胸的意识。

8 拍：上动不停，两脚蹬地跳起、向内合并，落地成并步；同时双手握圈外旋臂下摆收至腰间，成预备势（图 2-2-3-57）。

动作要点：身体要保持挺直；两脚稍屈曲缓冲后即蹬地跳起，并向内并腿，落地时成并步；两手直接外旋臂下落。

图 2-2-3-56　　　　　　　　图 2-2-3-57

二、第二个8拍

第二个8拍的动作和要点同第一个8拍。

第八节　海底捞月

一、第一个8拍

1拍：身体左转，左脚向侧迈出，并屈膝半蹲，右腿蹬直成左弓步；同时右手握圈经下探伸直、随体转从下向前上方勾击，手高至胸口，圈顶朝上，手臂弯曲成90度；左手不变，目视前方（图2-2-3-58）。

动作要点：右手要先下探伸直，再转身、上步、上勾，做到步到手到；弓步右腿要蹬直，手臂弯曲不能小于90度，圈距脸部30厘米左右。

2拍：身体向右后转，重心右移，两脚随体辗转；右腿屈膝，左腿蹬直成右弓步；同时右手握圈收置腰间；左手握圈经下探伸直、随体转从下向前上方勾击，手高至胸口，圈顶朝上，手臂弯曲成90度，目视前方（图2-2-3-59）。

动作要点：身体后转时，重心不要起伏；左手要先下探伸直，再随重心转移向前上方勾击；左腿要蹬直，手臂弯曲不能小于90度，圈距脸部30厘米左右。

图2-2-3-58　　　　　　　　　　　图2-2-3-59

3拍：右腿蹬直，身体左转立起，两脚尖随体辗转向前；同时双手握圈向两侧打开、上抡至头顶，两圈相并，圈顶朝上，抬头目视乾坤圈（图2-2-3-60）。

动作要点：左手要随身体左转立起时先回摆至左侧，再与右手同时向上抡摆至头顶，两臂自然开合；抬头仰视，身体不后仰。

4拍：两腿屈膝下蹲成马步；同时双手握圈经脸前、屈肘下落至胸前，圈顶朝上，高不过鼻，目视前方（图 2-2-3-61）。

动作要点：马步屈膝半蹲，脚尖朝前；双手要保持合并、直线下落，至胸口时两臂要撑张，不能低垂。

图 2-2-3-60   图 2-2-3-61

5拍：身体右转，右腿屈膝半蹲，左腿蹬直成右弓步；同时右手握圈收置腰间；左手握圈经向左侧下探伸直、随体转从下向前上方勾击，手高至胸口，圈顶朝上，手臂弯曲成90度；目视前方（图 2-2-3-62）。

动作要点：要保持挺胸立腰；步型转换重心不要有明显起伏；左手要先下探伸直，再随体转身上勾；左腿要蹬直，手臂弯曲不能小于90度，圈距脸部30厘米左右。

6拍：身体向左后转，重心左移，两脚随体辗转；左腿屈膝，右腿蹬直成左弓步；同时左手握圈收置腰间；右手握圈经下探伸直、随体转从下向前上方勾击，手高至胸口，圈顶朝上，手臂弯曲成90度，目视前方（图 2-2-3-63）。

动作要点：身体后转时，重心不要起伏；右手要先下探伸直，再随重心转移向前上方勾击；右腿要蹬直，手臂弯曲不能小于90度，圈距脸部30厘米左右。

图 2-2-3-62

图 2-2-3-63

7 拍：左腿蹬直，身体右转立起，两脚尖随体辗转向前；同时双手握圈向两侧打开、上抡至头顶，两圈相并，圈顶朝上，抬头目视乾坤圈（图 2-2-3-64）。

动作要点：右手要随身体右转立起时先回摆至右侧，再与左手同时向上抡摆至头顶，两臂自然开合；抬头仰视，身体不后仰。

8 拍：两腿屈膝下蹲成马步；同时双手握圈经脸前、屈肘下落至胸前，圈顶朝上，高不过鼻，目视前方（图 2-2-3-65）。

动作要点：马步屈膝半蹲，脚尖朝前；双手要保持合并、直线下落，至胸口时两臂要撑张，不能低垂。

图 2-2-3-64

图 2-2-3-65

二、第二个 8 拍

1 拍：身体左转，左腿屈膝半蹲，右腿蹬直成左弓步；同时左手握圈收置腰间；右手握圈经向右侧下探伸直、随体转从下向前上方勾击，手高至胸口，圈顶朝上，手臂弯曲成90度；目视前方（图2-2-3-66）。

动作要点：要保持挺胸立腰；步型转换时重心不要有明显起伏；右手要先下探伸直，再随体转身上勾；右腿要蹬直，手臂弯曲不能小于90度，圈距脸部30厘米左右。

2拍~6拍的动作和要点同第一个8拍的2拍~6拍（图2-2-3-67）。

图2-2-3-66   图2-2-3-67

7拍：左腿蹬直，身体右转立起，两脚尖随体辗转向前；同时双手握圈向两侧打开、上抡至头顶时，将圈穿入两臂中，双手掌心相并，掌指朝上（图2-2-3-68）；上动不停，两腿屈膝下蹲成马步；两手保持合十、经脸前屈曲下落至胸前，目视前方（图2-2-3-69）。

动作要点：右手要随身体右转立起时先回摆至右侧，再与左手同时向上抡摆，至头顶时，两手松开，让圈自然滑落至肩上；同时两腿屈膝下蹲成马步，两手合十下落至胸口。

图2-2-3-68   图2-2-3-69

8拍：身体立起，收左脚向右脚并拢；两手下摆至体侧，握圈贴附于两大腿外侧，目视前方，成预备式（图2-2-3-70）。

动作要点：并步要站稳，身体要立直；立起时让两圈自然向下滑落，至手腕时要及时抓握住乾坤圈。

图2-2-3-70

第三部分　双锤操

第一章　双锤操说明

　　双锤操是一种武术轻器械操。双锤是武术中的传统器械，是民族英雄岳飞之子岳云使用的兵器。岳云是中国历史上杰出的少年将军，文武双全。泉州剑影幼儿园在幼儿熟悉《小将岳云》系列故事的背景下，巧用生活中的废旧材料——塑料空瓶和PVC塑料管，变废为宝，制作成适合大班幼儿操练的双锤。双锤内装有环保塑料珠，在演练时，双锤发出悦耳的响声，很受幼儿喜欢。根据双锤的特点，泉州剑影幼儿园选用了冲、砸、挂、击等动作，并配以铿锵有力、节奏鲜明的乐曲《我的中国心》，让幼儿在操练中迸发积极向上的精神，不仅能提高幼儿身体的协调性、灵活性，也激发了幼儿努力学习、长大报效祖国的美好愿望。

第二章 基本动态

第一节 静态

（1）握锤：手握在锤上柄的中段，锤体与手臂成直线为直握（图2-3-2-1）；锤体与前臂成直角为正握（图2-3-2-2）。

图2-3-2-1　　　　　　　　图2-3-2-2

（2）预备式：身体成立正姿势，双手正握锤向侧展开，置于身体两侧，距身体30至35厘米，锤顶朝前，目视前方（图2-3-2-3）。

动作要点：双脚并拢，挺胸立腰，两手臂微屈，锤顶朝前，精神集中。

图2-3-2-3

第二节　动态

双锤上架：两手握锤交叉经脸前上举至额前上方、内旋臂翻腕、分手向斜上方撑架，锤成正握，锤顶相对，抬头仰视（图2-3-2-4 至图2-3-2-6）。

动作要点：两手要交叉上举至额前上方，再翻腕分开撑架，不要提前分开，整体要协调连贯。

图 2-3-2-4

图 2-3-2-5

图 2-3-2-6

第三章　双锤操动作图解

预备势：并步持锤（图 2-3-3-1）。

图 2-3-3-1

第一节　和尚撞钟

一、第一个 8 拍

1 拍：上体左转，左脚向左侧上一大步，屈膝半蹲，脚尖斜朝前；右腿蹬直成左弓步；同时左手握锤屈肘上提至左腰间再向前冲出，高与肩平，锤与手臂成直线，力达锤顶，并发声呼"哈"；右手握锤屈肘上提贴附于腰间，锤顶朝前，目视前方（图 2-3-3-2）。

动作要点：启动时两手先握锤上提收至腰间，左手再在左脚上步的同时向前冲出，右手停置于腰间；眼随手动，目视左锤前方；发声呼"哈"时，声音要洪亮，要有气吞山河之势。

2 拍：步型不变，上体向左拧转；同时右手握锤向前冲出，高与肩平，锤与手臂成直线，力达锤顶，并发声呼"哈"；左手握锤屈肘收回至腰间，锤顶朝前，眼视前方（图 2-3-3-3）。

　　动作要点：身体向左拧转，右脚也随体稍作蹬转，右锤冲出与左锤回收要协调连贯，劲力顺达；发声呼"哈"时，声音要洪亮。

图 2-3-3-2　　　　　　　　　　　　　　　图 2-3-3-3

　　3 拍：步型不变，上体向右拧转，左手握锤向前冲出，高与肩平，锤与手臂成直线，力达锤顶，并发声呼"哈"；同时右手握锤屈肘收回至腰间，锤顶朝前，眼视前方（图 2-3-3-4）。

　　动作要点：身体向右拧转，左锤要顺势冲出，劲力顺达；右锤要贴身直收，动作协调连贯；发声呼"哈"时，声音要洪亮。

　　4 拍：身体立起，右转回正；收左脚向右脚并拢，脚尖转朝前；同时左手握锤经屈肘收回至腰侧、画弧向左侧斜下方摆；右手握锤向侧斜下方摆，成预备势（图 2-3-3-5）。

　　动作要点：转身收脚的同时左手屈肘回收至腰侧；左手折转画弧下摆时，右手再同时下摆，并向右侧摆头，动作要干净利落。

图 2-3-3-4　　　　　　　　　　　　　　图 2-3-3-5

5拍：身体右转，右脚向右侧上一大步，屈膝半蹲，脚尖斜朝前；左腿蹬直成右弓步；同时右手握锤屈肘上提至右腰间再向前冲出，高与肩平，锤与手臂成直线，力达锤顶，并发声呼"哈"；左手握锤屈肘上提贴附于腰间，锤顶朝前，目视前方（图2-3-3-6）。

动作要点：启动时两手先握锤上提收至腰间，右手在右脚上步的同时向前冲出；左手停置于腰间；眼随手动，目视右锤前方。发声呼"哈"时，声音要洪亮。

6拍：步型不变，上体向右拧转；同时左手握锤向前冲出，高与肩平，锤与手臂成直线，力达锤顶，并发声呼"哈"；右手握锤屈肘收回至腰间，锤顶朝前，目视前方（图2-3-3-7）。

动作要点：身体向右拧转，左脚也随体稍作蹬转，左锤冲出与右锤收回要协调连贯，劲力顺达；发声呼"哈"时，声音要洪亮。

图2-3-3-6　　　　　　　　　　　图2-3-3-7

7拍：步型不变，上体向左拧转；右手握锤向前冲出，高与肩平，锤与手臂成直线，力达锤顶，并发声呼"哈"；同时左手握锤屈肘收回至腰间，锤顶朝前，目视前方（图2-3-3-8）。

动作要点：身体向左拧转，右锤要顺势冲出，劲力顺达；左锤要贴身直收，动作协调连贯。发声呼"哈"时，声音要洪亮。

8拍：身体立起，左转回正；收右脚向左脚并拢，脚尖转朝前；同时右手握锤经屈肘回收至腰侧、画弧向右侧斜下方摆；左手握锤向侧斜下方摆，成预备势（图2-3-3-9）。

动作要点：转身收脚的同时右手屈肘回收至腰侧；右手折转画弧下摆时，左手再同时下摆，并向左侧摆头，动作要干净利落。

图 2-3-3-8 　　　　　　　　　　　　图 2-3-3-9

二、第二个 8 拍

第二个 8 拍的动作和要点同第一个 8 拍。

第二节　擎天击石

一、第一个 8 拍

1 拍：左脚侧出，两腿屈膝半蹲成马步；同时左手握锤经体前屈肘上摆至右肩前，再反手向左侧斜下方截击，锤顶朝前；右手屈肘收回置腰侧，目视左锤方向（图 2-3-3-10）。

动作要点：左手上摆要先启动，再在左脚侧出的同时下截，做到步到手到；上体要稍向左拧转，不要前俯；眼神要跟随。

2 拍：身体左转，左脚随体辗转，脚尖转向斜前方，右腿蹬直成左弓步；同时左手握锤向头前上方架挡，锤顶朝右；右手握锤向前冲出，高与肩平，锤顶朝前，目视前方（图 2-3-3-11）。

动作要点：上架与前冲的动作要协调，要借助转身、蹬腿把动作做到位，使力量顺达；上架的高度在头额前上方，肘微屈；右腿要蹬直。

图 2-3-3-10   图 2-3-3-11

3 拍：步型不变，上体向右拧转；左手握锤外旋臂（锤顶转朝前）向前下劈，手臂低于肩高于腰，手臂与锤成直线，力在锤体；同时右手握锤收回腰间，锤顶朝前，目视前方（如图 2-3-3-12）。

动作要点：左手下劈要旋臂转腕，并利用身体的拧转，向前下方劈击。

4 拍：身体立起，右转回正；收左脚向右脚并拢，脚尖转朝前；同时左手握锤经屈肘回收至腰侧、画弧向左侧斜下方摆；右手握锤向侧斜下方摆，成预备势（图 2-3-3-13）。

动作要点：转身收脚的同时左手屈肘回收；左手转画弧下摆时，右手再同时下摆，并向右侧摆头，动作要干净利落。

图 2-3-3-12   图 2-3-3-13

5 拍：右脚侧出，两腿屈膝半蹲成马步；同时右手握锤经体前屈肘上摆至左肩前、反手向右侧斜下方截击，锤顶朝前；左手屈肘回收置腰侧，目视右锤方向（图 2-3-3-14）。

动作要点：右手上摆要先启动，再在右脚侧出的同时下截，做到步到手到；上体要稍向右拧转，不要前俯；眼神要跟随。

6拍：身体右转，右脚随体辗转，脚尖转向斜前方，左腿蹬直成右弓步；同时右手握锤向头前上方架挡，锤顶朝左；左手握锤向前冲出，高与肩平，锤顶朝前，目视前方（图2-3-3-15）。

动作要点：上架与前冲的动作要协调，要借助转身、蹬腿把动作做到位，使力量顺达；上架的高度在头额前上方，肘微屈；左腿要蹬直。

图2-3-3-14   图2-3-3-15

7拍：步型不变，上体向左拧转；右手握锤外旋臂（锤顶转朝前）向前下劈，手臂低于肩高于腰，手臂与锤成直线，力在锤体；同时左手握锤收回腰间，锤顶朝前，目视前方（图2-3-3-16）。

动作要点：右手下劈要旋臂转腕，并利用身体的拧转，向前下方劈去。

8拍：身体立起，右转回正；收右脚向左脚并拢，脚尖转朝前；同时右手握锤经屈肘回收至腰侧、画弧向右侧斜下方摆；左手握锤向侧斜下方摆，成预备势（图2-3-3-17）。

动作要点：转身收脚的同时右手屈肘回收；右手转画弧下摆时，左手再同时下摆，并向左侧摆头，动作要干净利落。

图 2-3-3-16　　　　　　　　　图 2-3-3-17

二、第二个 8 拍

第二个 8 拍的动作和要点同第一个 8 拍。

第三节　声东击西

一、第一个 8 拍

1 拍：左脚侧出成开立；同时上体向右拧转，左手握锤屈肘回收经腰间向前冲出，高与肩平，锤顶朝前，并发声呼"哈"；右手握锤屈肘上提贴附于腰间，锤顶朝前，目视前方（图 2-3-3-18）。

动作要点：启动时两手先握锤上提回收至腰间，左手随左脚侧出、身体拧转向前冲出；右手停置于腰间，肘不能外张；发声呼"哈"时，声音要洪亮，要有气吞山河之势。

（a）正面　　　　　　　　　（b）侧面

图 2-3-3-18

2 拍：步型不变，上体向左拧转；右手握锤向前冲出，高与肩平，锤顶朝前，并发声呼'哈'；同时左手握锤屈肘收回腰间，锤顶朝前，目视前方（图 2-3-3-19）。

动作要点：两手一收一出，要协调连贯，劲力顺达；左手肘不能外张；发声呼"哈"时，声音要洪亮。

（a）正面　　　　　　　　　　　　（b）侧面

图 2-3-3-19

3 拍：右手握锤，屈肘上摆至头顶左侧上方；上动不停，身体右转，两脚随体向右辗转，右腿屈膝下蹲，左腿跪地成跪步；右手握锤直臂向前下砸，高与腰平，锤顶朝前下方，目视右锤方向（图 2-3-3-20）。

动作要点：右手要先屈肘上摆、绕至头顶左侧上方，再随身体右转、下跪往前下砸，抡摆要连贯，下砸手臂要伸直；身体保持挺直，不要前俯；右腿屈蹲达水平；左腿膝盖着地，脚跟朝上。

4 拍：身体立起、左转回正，收左脚向右脚并拢，脚尖转朝前；同时右手握锤经屈肘回收至腰侧，画弧向左侧斜下方摆；左手握锤向侧斜下方摆，成预备势（图 2-3-3-21）。

动作要点：右手在转身、收脚的同时，屈肘回收至腰侧，再与左手同时向两侧画弧下摆；摆头要配合挺胸动作，做到干净利落。

图 2-3-3-20

图 2-3-3-21

5拍：右脚侧出成开立；同时上体向左拧转，右手握锤屈肘收经腰间向前冲出，高与肩平，锤顶朝前，并发声呼"哈"；左手握锤屈肘上提贴附于腰间，锤顶朝前，目视前方（图 2-3-3-22）。

动作要点：启动时两手先握锤上提收至腰间，右手随右脚侧出、身体拧转向前冲出；左手停置于腰间，肘不能外张；发声呼"哈"时，声音要洪亮。

（a）正面

（b）侧面

图 2-3-3-22

6拍：步型不变，上体向右拧转；左手握锤向前冲出，高与肩平，锤顶朝前，并发声呼"哈"；同时右手握锤屈肘收回腰间，锤顶朝前，目视前方（图 2-3-3-23）。

动作要点：两手一收一出，要协调连贯，劲力顺达；右手肘不能外张；发声呼"哈"时，声音要洪亮。

（a）正面　　　　　　　　　　　（b）侧面

图 2-3-3-23

　　7拍：左手握锤，屈肘上摆至头顶右侧上方；上动不停，身体左转，两脚随体向左辗转，左腿屈膝下蹲，右腿跪地成跪步；左手握锤直臂向前下砸，高与腰平，锤顶朝前下方，目视左锤方向（图 2-3-3-24）。

　　动作要点：左手要先屈肘上摆、绕至头顶右侧上方，再随身体左转、下跪往前下砸，抡摆要连贯，下砸手臂要伸直；身体保持挺直，不要前俯；左腿屈蹲达水平；右腿膝盖着地，脚跟朝上。

　　8拍：身体立起、右转回正；收右脚向左脚并拢，脚尖转朝前；同时左手握锤经屈肘回收至腰侧，画弧向左侧斜下方摆；右手握锤向侧斜下方摆，成预备势（图 2-3-3-25）。

　　动作要点：左手在转身、收脚的同时，屈肘回收至腰侧，再与右手同时向两侧画弧下摆；摆头要配合挺胸动作，做到干净利落。

图 2-3-3-24

图 2-3-3-25

二、第二个 8 拍

第二个 8 拍的动作和要点同第一个 8 拍。

第四节　拨云见天

一、第一个 8 拍

1 拍：左脚侧出成开立；同时两手握锤外旋臂经体前弧形上摆至胸前成十字交叉，手心向内，左手在外，双锤立起，锤顶朝上，目视前方（图 2-3-3-26）。

动作要点：两手是外旋臂、屈肘向异侧上摆，在胸前成交叉；两锤立于两耳侧前。

图 2-3-3-26

2 拍：身体左转，两脚随体碾转，右脚脚尖斜朝前；右脚脚跟提起，前脚掌撑地；同时两手握锤交叉经脸前向上架，锤顶相对，抬头仰视（图 2-3-3-27）。

动作要点：身体左转，两脚要随体碾转，成后点步；手的动作为"双锤上架"，两手要随体转交叉上举，至转身快到位时再分开撑架，整体要协调配合，使动作节奏明快。

（a）正面　　　　　　　　　　（b）侧面

图 2-3-3-27

　　3 拍：身体右转，重心回落，右脚脚跟着地，两脚随体碾转，两脚脚尖朝前，双手握锤外旋臂经头部两侧向胸前回摆成十字交叉，手心向内，左手在外；双锤立于两耳侧前，目视前方（图 2-3-3-28）。

　　动作要点：整个动作的定位是回到第一拍的位置，两手随身体边转身、边向胸前下摆，两小臂成交叉时，两锤顶朝上。

图 2-3-3-28

　　4 拍：身体左转，两脚随体碾转，左脚脚尖斜朝前；右脚脚跟提起，前脚掌撑地；同时两手握锤再做一次"双锤上架"（图 2-3-3-29）。

　　动作要点：身体左转，两脚要随体碾转，成后点步；两手要随体转交叉上举，至转身快到位时再分开撑架，整体要协调配合，使动作节奏明快。

（a）正面　　　　　　　　　　　（b）侧面

图 2-3-3-29

5拍：身体右转，重心回落，右脚脚跟着地，两脚随体碾转，脚尖朝前；同时两手握锤经侧向下抡摆至小腹前成交叉直握，左锤在前，两手虎口相向，锤顶朝斜下方，目视双锤（图 2-3-3-30）。

动作要点：身体右转，两脚碾转回到前一动的位置；两手随体转向两侧下摆至小腹前，双锤把的上端成交叉，手不交叉；低头俯视，身体不前俯。

6拍：脚步不变，双手握锤（双锤保持交叉）经体前上举至头顶上方，手心朝前，锤顶朝斜上方；同时抬头，目视前方（图 2-3-3-31）。

动作要点：两手直臂上举，双锤保持交叉；抬头前视，不要后仰。

图 2-3-3-30　　　　　　　　　图 2-3-3-31

7拍：脚步不变；双手握锤直臂向两侧下砸成平举，高与肩平，锤顶平朝左右；同时向左摆头，目视左锤方向（图 2-3-3-32）。

动作要点：两锤下砸，手臂要伸直，锤与手臂成直线，不要低垂；摆头要干脆，手到眼到。

8 拍：收左脚向右脚并拢；同时双手握锤经屈肘收至腰间、画弧向两侧斜下摆，锤顶平朝前；摆头向前，目视前方，成预备势（图 2-3-3-33）。

动作要点：身体要保持挺胸立腰；收脚并步、摆头要干脆；余同预备势。

图 2-3-3-32　　　　　　　　　　图 2-3-3-33

二、第二个 8 拍

第二个 8 拍动作和要点同第一个 8 拍，唯左右相反。

第五节　大鹏展翅

一、第一个 8 拍

1 拍：左脚向前迈出，屈膝半蹲，右腿蹬直成左弓步；同时两手握锤上提至腰间，再向两侧上方伸出，手臂伸直，锤顶朝斜上方，目视前方（图 2-3-3-34）。

动作要点：两手要先启动，上提至腰间后，再在左脚上步的同时往上伸臂，两手展开置于耳侧上方，两手距离两个肩宽，锤与手臂成直线；抬头挺胸，要有大鹏展翅的气势。

图 2-3-3-34

2 拍：重心稍前移，右腿屈膝下跪，膝盖着地，脚跟提起成跪步；同时两手握锤经前向左膝前交叉下压，右锤在前，目视双锤方向（图 2-3-3-35）。

动作要点：两手向前下交叉摆压，有如老鹰擒兔之势，只有双锤把的上端成交叉，手不相叠；跪地腿脚跟要朝上，臀部不能坐在小腿上；身体不前俯。

（a）正面   （b）侧面

图 2-3-3-35

3 拍：步型不变，两手握锤（双锤保持交叉）经前上摆、至额前同时向两侧上方展开，手臂伸直，锤顶朝斜上方；同时抬头，目视前方（图 2-3-3-36）。

动作要点：两锤要保持交叉上摆，至额前再向两侧上方打开，锤与手臂成直线，两臂夹角在 90 度左右；抬头挺胸，表情要有擒兔后的喜悦之感。

4 拍：重心后移，身体立起，收左脚向右脚并拢；两手握锤内旋臂下摆至腰侧再向两侧画弧斜下摆，成预备势，目视前方（图 2-3-3-37）。

动作要点：身体立起要站稳挺直；两手要先内收下摆至腰侧再向外下摆，动作要干净利索，目光炯炯有神。

图 2-3-3-36　　　　　　　　图 2-3-3-37

5 拍：右脚向前迈出，屈膝半蹲，左腿蹬直成右弓步；同时两手握锤上提至腰间，再向两侧上方伸出，手臂伸直，锤顶朝斜上方，目视前方（图 2-3-3-38）。

动作要点：两手要先启动，上提至腰间后，再在右脚上步的同时往上伸臂，两手展开置于耳侧上方，两手距离两个肩宽，锤与手臂成直线；抬头挺胸，要有大鹏展翅的气势。

图 2-3-3-38

6 拍：重心稍前移，左腿屈膝下跪，膝盖着地，脚跟提起成跪步；同时两手握锤经前向右膝前交叉下压，左锤在前，目视双锤方向（图 2-3-3-39）。

动作要点：两手向前下交叉摆压，有如老鹰擒兔之势，只在双锤把的上端成交叉，手不相叠；跪地腿脚跟要朝上，臀部不能坐在小腿上；身体不前俯。

（a）正面　　　　　　　（b）侧面

图2-3-3-39

7拍：步型不变，两手握锤（双锤保持交叉）经前上摆、至额前同时向两侧上方展开，手臂伸直，锤顶朝斜上方；同时抬头，目视前方（图2-3-3-40）。

动作要点：两锤要保持交叉上摆，至额前再向两侧上方打开，锤与手臂成直线，两臂夹角在90度左右；抬头挺胸，表情要有擒兔后的喜悦之感。

8拍：重心后移，身体立起，收右脚向左脚并拢；两手握锤内旋臂下摆至腰侧再向两侧画弧斜下摆，成预备势，目视前方（图2-3-3-41）。

动作要点：身体立起要站稳挺直；两手要内收下摆至腰侧再向外下摆，动作要干净利索，目光炯炯有神。

图2-3-3-40　　　　　　　　　图2-3-3-41

二、第二个 8 拍

第二个 8 拍的动作和要点同第一个 8 拍。

第六节　顶天立地

一、第一个 8 拍

1 拍：左脚侧出成开立；同时两手握锤提经腰间向前冲出，两手间距与肩同宽，高与肩平，锤顶朝前，力达锤顶，目视前方（如图 2-3-3-42）。

动作要点：开立步要比肩宽，为下一拍的弓步做准备；两手要握锤上提至腰间再向前冲击，力要顺达，不要耸肩。

2 拍：身体向左转，重心稍左移、下沉；两脚随体辗转，左腿屈膝半蹲，右腿蹬直成左弓步；双手握锤经屈肘向右肩前上摆、折返向左前方抢摆；手臂伸直，左手内旋臂，高与肩平，拳心向左；右手外旋臂，肘微屈，高至胸口，拳心向左，目视前方（图 2-3-3-43）。

动作要点：两手要先屈肘向右肩前挂摆（身体也稍微向右拧转），再随身体左转，重心下沉，向左前方抢击；左手左上，右手左下，双锤平行向前。

图 2-3-3-42

图 2-3-3-43

3 拍：重心后移，身体向右拧转；右腿屈膝，脚外展；左腿蹬直，脚里扣成右横裆步；右手握锤经前内旋臂上举至头右侧上方，手臂伸直，锤顶朝左；左手握锤桡侧内扣，使锤顶转朝前；目视左前方（图 2-3-3-44）。

动作要点：两脚要随体辗转；右手要随身体拧转、重心后移经前上架，并在最高点稍旋腕顿停；眼睛先随右手，在左手屈腕转锤时摆头向左看；整体要显示出挺拔遒劲、顶天立地的气势。

4拍：身体立起，收左脚向右脚并拢，脚尖转朝前；同时右手握锤经贴身下落至腰侧，再向下画弧外摆；左手屈肘回收至腰侧向下画弧外摆，成预备势（图2-3-3-45）。

动作要点：身体立起要挺直站稳；两手要收摆至腰侧再同时向下画弧外摆，动作要干净利索，目光有神。

图 2-3-3-44

图 2-3-3-45

5拍：右脚侧出成开立；同时两手握锤提经腰间向前冲出，两手间距与肩同宽，高与肩平，锤顶朝前，力达锤顶，目视前方（图2-3-3-46）。

动作要点：开立步要比肩宽，为下一拍的弓步做准备；两手要握锤上提至腰间再向前冲击，力要顺达，不要耸肩。

6拍：身体向右转，重心稍右移、下沉；两脚随体辗转，右腿屈膝半蹲，左腿蹬直成右弓步；双手握锤经屈肘向左肩前上摆、折返向右前方抢摆；手臂伸直，右手内旋臂，高与肩平，拳心向右；左手外旋臂，肘微屈，高至胸口，拳心向右，目视前方（图2-3-3-47）。

动作要点：两手要先屈肘向左肩前挂摆（身体也稍微向左拧转），再随身体右转，重心下沉，向右前方抢击；右手在上，左手在下，双锤平行向前。

图 2-3-3-46　　　　　　　　　　　图 2-3-3-47

7 拍：重心后移，身体向左拧转；左腿屈膝，脚外展；右腿蹬直，脚里扣成左横裆步；左手握锤经前内旋臂上举至头左侧上方，手臂伸直，锤顶朝右；右手握锤桡侧内扣，使锤顶转朝前；目视右前方（图 2-3-3-48）。

动作要点：两脚要随体辗转；左手要随身体拧转、重心后移经前上架，并在最高点稍旋腕顿停；眼睛先随左手，在右手屈腕转锤时摆头向右看；整体要显示出挺拔遒劲、顶天立地的气势。

8 拍：身体立起，收右脚向左脚并拢，脚尖转朝前；同时左手握锤经贴身下落至腰侧，再向下画弧外摆；右手屈肘回收至腰侧向下画弧外摆，成预备势（图 2-3-3-49）。

动作要点：身体立起要挺直站稳；两手要收摆至腰侧再同时向下画弧外摆，动作要干净利索，目光有神。

图 2-3-3-48　　　　　　　　　　　图 2-3-3-49

二、第二个8拍

第二个8拍的动作和要点同第一个8拍。

第七节 龙腾虎跃

一、第一个8拍

1拍：两脚蹬地跳起，并向两侧分开，落地成开立；同时两手握锤提经腰间向前冲出，两手间距与肩同宽，高与肩平，锤顶朝前，力达锤顶，目视前方（图2-3-3-50）。

动作要点：两腿稍屈曲下蹲后蹬地跳起；两脚分开落地时腿要稍屈曲缓冲，宽与肩同；两手要握锤上提至腰间再向前冲击，力要顺达，不要耸肩。

（a）正面　　　　　　　　　　　　　（b）侧面

图2-3-3-50

2拍：上动不停，两脚蹬地跳起、向内合并，落地成并步；同时双手握锤臂外旋屈肘收回腰间，锤顶平朝前，目视前方（图2-3-3-51）。

动作要点：两脚稍屈曲缓冲后即蹬地跳起，并向内并腿，落地时两腿稍屈曲缓冲；两手握圈外旋臂收回腰间，锤顶要保持平朝前。

3拍：上动不停，两脚蹬地跳起，并向两侧分开，落地成开立；同时两手握锤内旋臂向左右两侧冲出，两手高与肩同；拳心朝前，锤顶朝左右；目视前方（图2-3-3-52）。

动作要点：身体保持挺直；两脚稍屈曲缓冲后即蹬地跳起，分开落地时腿要稍屈曲缓冲；两手握锤向两侧冲击，要快速有力，手臂不能低垂。

图 2-3-3-51 　　　　　　　　　　图 2-3-3-52

4拍：上动不停，两脚蹬地跳起、向内合并，落地成并步；同时双手握锤臂外旋屈肘收回腰间，锤顶平朝前，目视前方（图 2-3-3-53）。

动作要点：两脚稍屈曲缓冲后即蹬地跳起，并向内并腿，落地时两腿稍屈曲缓冲；两手握锤外旋臂收回腰间，锤顶要保持平朝前。

5拍：上动不停，两脚蹬地跳起，并向两侧分开，落地成开立；同时两手握锤提经腰间向前冲出，两手间距与肩同宽，高与肩平，锤顶朝前，力达锤顶，目视前方（图 2-3-3-54）。

动作要点：两腿稍屈曲下蹲后蹬地跳起；两脚分开落地时腿要稍屈曲缓冲，宽与肩同；两手要握锤上提至腰间再向前冲击，力要顺达，不要耸肩。

图 2-3-3-53 　　　　　　　　　　图 2-3-3-54

6拍：上动不停，两脚蹬地跳起、向内合并，落地成并步；同时双手握锤臂外旋屈肘收回腰间，锤顶平朝前，目视前方（图2-3-3-55）。

动作要点：两脚稍屈曲缓冲后即蹬地跳起，并向内并腿，落地时两腿稍屈曲缓冲；两手握锤外旋臂收回腰间，锤顶要保持平朝前，不能低垂。

7拍：上动不停，两脚蹬地跳起，并向两侧分开，落地成开立；同时身体稍后仰，两手握锤经体前向上直冲，手臂伸直，两手间距与肩同宽，锤顶朝上，力达锤顶；抬头仰视（图2-3-3-56）。

动作要点：两腿稍屈曲下蹲后蹬地跳起；两脚分开落地时腿要稍屈曲缓冲，宽与肩同；身体稍后仰，两手握锤，腕尺屈，使锤顶转朝上再贴身向上直冲，力要顺达，做到气势上扬。

图2-3-3-55　　　　　　　　　　图2-3-3-56

8拍：上动不停，两脚蹬地跳起、向内合并，落地成并步；同时两手握锤经体前屈肘贴身下落至腹侧、腕桡屈向两侧画弧斜下摆，锤顶朝前，成预备势（图2-3-3-57）。

动作要点：两脚稍屈曲缓冲后即蹬地跳起，并向内并腿，落地时两腿稍屈曲缓冲即蹬直站立；两手握锤要屈肘贴身下落至腹侧再腕桡屈向斜下方画弧外摆，落至胸前时两肘是屈曲外展的；站立要稳，余同预备势。

图 2-3-3-57

二、第二个 8 拍

第二个 8 拍的动作和要点同第一个 8 拍。

第八节　金鸡昂首

一、第一个 8 拍

1 拍：左脚侧出成开立；同时两手握锤外旋臂屈肘经体前弧形上摆至胸口，两锤成十字交叉，手心向内，左锤在外，锤顶朝斜上方，目视前方（图 2-3-3-58）。

动作要点：两手是外旋臂、屈肘向异侧上摆，在胸前相对；两锤是锤把的上端交叠，停置于两腮边。

2 拍：两手握锤内旋臂经体前、腕尺屈，再向两侧斜下方弧形下摆成直握，锤顶朝斜下方；同时向前低头，目视下方（图 2-3-3-59）。

动作要点：两手向左右下摆的幅度要比预备势大，摆击的过程要流畅，力达锤体；向前低头要梗脖，不能松垂，要有向前叩击意识，上体稍前倾。

图 2-3-3-58　　　　　　　　　　　图 2-3-3-59

3拍：身体仰起，抬头挺胸，目视前方（图2-3-3-60）。

动作要点：头部抬起，腰杆挺直，双眼圆睁，如雄鸡傲视，要有昂扬气势。

4拍：收左脚向右脚并拢；同时两手握锤稍向内下摆，并向桡侧扣腕，使锤顶朝前，成预备势（图2-3-3-61）。

动作要点：并步和扣腕正握要同步完成，做到干净利落；余同预备势。

图 2-3-3-60　　　　　　　　　　　图 2-3-3-61

5拍：右脚侧出成开立；同时两手握锤外旋臂屈肘经体前弧形上摆至胸口，两锤成十字交叉，手心向内，右锤在外，锤顶朝斜上方，目视前方（图2-3-3-62）。

动作要点：两手是外旋臂、屈肘向异侧上摆，在胸前相对；两锤是锤把的上端交叠，停置于两腮边。

6拍：两手握锤内旋臂经体前腕尺屈，再向两侧斜下方弧形下摆，手臂和锤成直线，锤顶朝斜下方；同时向前低头，目视下方（图2-3-3-63）。

动作要点：两手向左右下摆的幅度要比预备势大，摆击的过程流畅，力达锤体；向前低头要梗脖，不能松垂，要有向前叩击意识，上体稍前倾。

图2-3-3-62　　　　　　　　　　图2-3-3-63

7拍：身体仰起，抬头挺胸，目视前方（图2-3-3-64）。

动作要点：头部抬起，腰杆挺直，双眼圆睁，有如雄鸡傲视，要有昂扬气势。

8拍：收右脚向左脚并拢；同时两手握锤稍向内下摆，并向桡侧扣腕，使锤顶朝前，成预备式（如图2-3-3-65）。

动作要点：并步和扣腕正握要同步完成，做到干净利落；余同预备势。

图2-3-3-64　　　　　　　　　　图2-3-3-65

二、第二个 8 拍

第二个 8 拍的动作和要点同第一个 8 拍。

收式：并步直立（图 2-3-3-66）。

图 2-3-3-66

附：少年功夫操
及幼儿武术系列轻器械操完整视频

少年功夫操　　第一部分基础操　　第二部分功架操　　第三部分散手操　　第四部分功法操

幼儿武术系列轻器械操

小班串铃操　　中班乾坤圈操　　大班双锤操